八大人覺經

救世救心

释证严 讲述

· 上人序 ·

八大人觉警世纷

常人随波逐流,在变动不停的环境与不断消逝的时间中,随着境界牵引,不知不觉追逐于名利欲乐,却不曾静心思考生命之意义何在。等到垂垂迟暮、死之将至,蓦然回首,才惊觉空过了一生,到头来,再后悔又奈何呢?

圣人之所以超越凡俗,在其心镜清净,清清楚楚映照世出世间种种法,而以觉悟的慈悲怜视众生;一切不为自己,心中没有五欲贪求,唯求众生安乐解脱,人人免于受苦沉沦。因此,无论古今中外圣哲贤人,其心胸无不是坦荡荡、光朗朗,德馨垂芳更胜星辉寿长。

距今二千五百多年前,释迦牟尼佛出生人间,觉悟后的他行化于恒河两岸,一步一脚印地踏下佛法的足迹,而佛弟子们传承薪火、集结佛经,将佛陀随境应机的珠玑法语广为流传,嘉惠千千万万干渴的心灵。

佛法的精神亘千古而不变,但是真理无形,效用如何端视个人用心与否,所谓信、解、行、证,总要自己能接受,并且发愿实行,在实践中印证真理,才有自助助人的果实可以收获。

身为佛弟子,我们尊重敬爱佛陀,就要虔诚奉行佛的教法,时时将佛法用在日常生活中,假使我们的思想和佛陀的教法脱离了,行为绝对是越规犯戒而错误的。

当然发心学佛,也要感恩古德祖师们,他们尽形寿探研佛法真义,再将心得留传下来,帮助我们体解真理,才能运用无碍。至于僧团的生活,同样是互相观摩、互相研究、互相磨练,这样佛法就能永住人间。

当今末法时代,最重要的是提高人人的觉性,古人说居安思危,而末法众生烦恼垢重,造成时间的劫浊与空间的紊乱,因为世间混乱、人心不平,所以整个宇宙多灾多难,万物赖以生存的大地也不断遭受破坏。我们研究佛陀所说的《八大人觉经》,正是要觉悟世间的无常,重新调整人人的心态,调和社会成为祥和的互动,人人心平气和,社会祥和平安,人心平,天下就平安。

求天下平安,从培养感恩心做起,对世间苦难抱持如同身受的悲怀,尽己之力拔苦与乐,日日感恩知足,心无贪恋,意不颠倒,这就是最大福。

学佛,学而觉,学就是要了解,了解之后能体悟,就如一般人选择人生的方向,有的人志为人师,既然要当老师,就要先自我充实,涵养人文常识,才能进一步教导别人。同样的,学佛之道,必定要开启慈悲大爱的心,自己付出,也教导别人一起做,自度而度人,如此才是真正的学佛。

学佛还要发大乘心,看看分布全球的慈济人,大家都是出于一念发心，将这颗慈悲的种子带到他们的侨居地，播种、耕耘，而后感动更多的人，齐来奉献这分无私的爱。大慈大悲之心无量，所以我们也是学无止境，既然走入佛门，皈依佛，一定要与佛心贴近，佛陀有大慈悲心，我们要学的就是这分慈悲大爱，能够普济众生。

当然，长养慈悲心有种种方法，听经学法只是一个过程。古人说"千里求师，万里求艺"，从前的人限于印刷与交通不便，想要求得佛经的只字片语，或是明白一套完整的道理，着实不容易。但是现代网络资讯发达，要取得佛经并不困难，然而皈依法，最重要的是能"自我受用"，能受用才有觉悟的希望。

所以先学得佛的慈悲，然后往佛法中探讨，得一法而拳拳服膺，我们就终身受用。假使佛法不能用在日常生活，听再多法师讲经，甚至自己也能说得头头是道，但是与平时的行为表现两相违背，那么再好的佛法还是没有用啊！

皈依僧，僧是传承佛法火种的人，对一般人接触或了解法理也很重要，我们一方面感恩古德祖师们绍继佛种，一方面对出家的法师们也要恭敬虔诚。出家人，追随诸佛菩萨的芳踪而修行，这种舍亲割爱以利天下的情操很值得尊重，所以在家人敬重出家人这是必然的。

尊师重道，我们的慧命就能增长。出家人在僧团中薰修长养，无论学识或行仪，每一位都有不同的优点，也有不同的修行心得，都值得我们学习。在家的信徒，一定要有尊重出家人的心态，如此才能三宝具足，才是真正的三宝弟子。

既是学佛，一定要依照法则循序渐进，才是学佛的态度。出家人剃染修行，要有一分使命感，除了上求佛道之外，更进而下化众生。佛陀所说的《八大人觉经》，从第一觉悟开始，就要我们警悟世间无常危脆，人生是苦；觉悟一切的苦患都是起自一念心，内心有了烦恼所以造业不断，变成种种灾祸。

第八觉知也说"生死炽然，苦恼无量"，我们在六道中生生死死、死死生生，这种迷惑而充满烦恼的生命中，的确有无量无边的苦患紧紧压迫，使人喘不过气来。这些苦患要如何断除？唯有修行追求真理，探讨生死的法则，才能掌握生死来去的选择权。

人身难得，我们不愿造恶堕落地狱，也不必求天堂的享乐，只是"常念知足，安贫守道"，而"惟慧是业"；智慧、觉道才是我们要追求的。在人间，能够看尽人生，透彻生死的苦难，所以能开启内心的慈悲，并以此投入人群去身体力行。

富有者得到教化，成为富中之富的人生；贫穷者得救拔，让他脱离地狱般的痛苦；有心有缘想要学道者，得到用心接引和指导，这就是出家最重要的目标。自觉而觉他，自己解脱生死轮回的苦难，还要去救人,就是出家学道者任重道远的承担;切莫悭贪不舍,不肯将佛法的益处和世人分享,否则就失去了出家人的本分。

佛经中有一段故事,说明法布施的重要——

在一个古老的国家,离开城市七里路有一座精舍,住着五百位修行者。其中有一位长老年纪很大了,他已经修行几十年的时间,但是记性很差,所听过的法一下子就忘记了,五百位修行者轮流教他,教了几年,还是连一个偈子都记不住。

老比丘自己也十分懊恼,尽管求法心切,无奈就是不能心领神会。

有一天,国王请诸比丘入城受供,老比丘自卑自怜,觉得这辈子幸得人身,又得闻佛法,为什么就是法不住心,更无法尽出家人的责任,将佛法再传给别人?他愈想愈觉得悲哀,不知不觉走到一棵大树下,想想再活下去也没有意义,干脆吊死在这里,因此拿着绳子就往树上扔。

佛陀知道了,化为树神出来呵责老比丘,他说:"修行者啊!你的身体来自父母,慧命则交托给佛陀,为什么你不珍惜生命,也不顾增长慧命,反而要毁掉自己呢?这是罪大恶极啊!"

老比丘听到树神的呵责,忍不住痛哭起来:"我也想珍惜身体,更珍惜闻佛听法的因缘,可惜我一丁点法理都无法体会。"

正在哀伤懊恼的时候,佛陀已经现在老比丘面前,老比丘非常惊讶,赶紧伏地向佛陀求忏悔。

佛陀就说:"一切都在一念心,可知道你过去生中同样也是出家人,而且具有聪明才智,懂得很多佛法,更领导五百人的僧团。但是你对法的传授很悭吝,贻误了很多人的慧命,所以今生要受愚痴暗钝之报,修行几十年还无法开启明朗的智慧。"

佛陀并说了一段偈语:

自爱身者,慎护所守,希望欲解,学正不寐;

身为第一,常自勉学,利能诲人,不惓则智。
学先自正,然后正人,调身入慧,必迁为上;
身不能利,安能利人,心调体正,何愿不至?
本我所造,后我自受,为恶自更,如刚钻珠。

老比丘听了佛陀的话,忆起前尘往事,果然自己傲慢不肯传法,难怪今生愚钝,真是自作自受。于是至诚地发露忏悔。佛陀微微一笑:"忏悔则清净,只要你真心忏悔,好好保护生命,就能增长慧命。明天国王设食供养,你可以带着寺内的僧众去应供。"

老比丘还有所迟疑,但是佛陀勉励他拿出信心来!老比丘信心大增,第二天真的带着大众往皇宫应供去了。

年轻的比丘们个个心里怀疑,深怕老比丘受供出丑,但是碍于佛命,也只好跟着入城。

到了皇宫,国王很尊重僧伽,亲自端水让比丘们洗净手足,接着供养丰盛的饮食,供养后并恭敬请法。老比丘坐于上座，神态威仪已与往日大大不同，看起来就令人心生尊重，开口说法更是声如洪钟，响亮清澈，句句法语流入人心，不只是国王欢喜，就连五百位随行者也都敬佩赞叹。

因此，出家人有出家的使命，一般人也有超脱生死苦恼的路要走，"精进行道，慈悲修慧，乘法身船，至涅槃岸，复还生死，度脱众生"，正是《八大人觉经》中所昭示的坦荡大道。请诸位学佛者，无论在家、出家，都要守好自己的本分，自觉觉人、自救救人，这才真正是我们学佛求觉悟的道路，大家要多用心啊！

释证严

佛说八大人觉经

后汉沙门安世高　译

为佛弟子，常于昼夜，至心诵念八大人觉：

第一觉悟：世间无常；国土危脆，四大苦空，五蕴无我，生灭变异，虚伪无主，心是恶源，形为罪薮，如是观察，渐离生死。

第二觉知：多欲为苦；生死疲劳，从贪欲起，少欲无为，身心自在。

第三觉知：心无厌足，惟得多求，增长罪恶；菩萨不尔，常念知足，安贫守道，惟慧是业。

第四觉知：懈怠堕落；常行精进，破烦恼恶，摧伏四魔，出阴界狱。

第五觉悟：愚痴生死；菩萨常念，广学多闻，增长智慧,成就辩才,教化一切,悉以大乐。

第六觉知:贫苦多怨,横结恶缘;菩萨布施,等念怨亲,不念旧恶,不憎恶人。

第七觉悟:五欲过患;虽为俗人,不染世乐,常念三衣,瓦钵法器,志愿出家,守道清白,梵行高远,慈悲一切。

第八觉知:生死炽然,苦恼无量;发大乘心,普济一切,愿代众生,受无量苦,令诸众生,毕竟大乐。

如此八事,乃是诸佛菩萨大人之所觉悟。精进行道,慈悲修慧,乘法身船,至涅槃岸,复还生死,度脱众生。以前八事,开导一切,令诸众生,觉生死苦,舍离五欲,修心圣道。若佛弟子,诵此八事,于念念中,灭无量罪;进趣菩提,速登正觉;永断生死,常住快乐。

目录

上人序　八大人觉警世纷
佛经原文
　缘起　生命的大疑问 1
原经翻译者　后汉安息国三藏安世高大师 06
释经题　《佛说八大人觉经》08
【开经明义】为佛弟子，常于昼夜，至心诵念八大人觉 11

【第一觉悟】世间无常 18
　国土危脆 23
　四大苦空 27
　五蕴无我 32
　生灭变异，虚伪无主 39
　心是恶源，形为罪薮，如是观察，渐离生死 46

【第八觉知】受无量苦，令诸众生，毕竟大乐 132

生死炽然，苦恼无量；发大乘心，普济一切，愿代众生，

志愿出家，守道清白，梵行高远，慈悲一切 123

虽为俗人，不染世乐，常念三衣，瓦钵法器 116

【第七觉悟】五欲过患 108

【第六觉悟】不憎恶人 98

贫苦多怨，横结恶缘，菩萨布施，等念怨亲，不念旧恶，

教化一切，悉以大乐 86

【第五觉悟】愚痴生死；菩萨常念，广学多闻，增长智慧，成就辩才，

【第四觉知】懈怠堕落；常行精进 68

破烦恼恶，摧伏四魔，出阴界狱 75

【第三觉知】安贫守道，惟慧是业 62

心无厌足，惟得多求，菩萨不尔，常念知足，

【第二觉知】多欲为苦；生死疲劳，从贪欲起，少欲无为，身心自在 52

编者后记之二 佛陀之爱·阿拉国土 153

编者后记之一 救世先从救心起 149

进趣菩提，速登正觉；永断生死，常住快乐。144

若佛弟子，诵此八事，于念念中，灭无量罪；

令诸众生，觉生死苦，舍离五欲，修心圣道。

复还生死，度脱众生。以前八事，开导一切，

精进行道，慈悲修慧，乘法身船，至涅槃岸，

【总结全文】

如此八事，乃是诸佛菩萨大人之所觉悟 140

· 缘起 ·

生命的大疑问

宁静的境界,心智一片明朗,纷乱的思绪一一安顿于静思中。佛陀是一位大觉者,为迷茫众生示现"八相成道"而成佛。未出家前的他也曾经过和常人一样的人生,同样拥有家庭、父母和妻儿,唯一不同的只是他生长的环境。成佛前的悉达多生于皇宫,贵为太子,不但是国王最大的期待——将来要继承王位执掌国政;也是全国人民希望的寄托。他在幸福的生活中成长,享受最尊贵的待遇,所受的教育和一般平民百姓也有所差异。

但是悉达多太子最与众不同的,并不是他的权势富贵,而是与生俱来对万物的悲悯。一般人总是受了"苦",才会去探求什么是"乐",而悉达多太子享尽天下一切福乐,却能深入民间疾苦,发心探究众生苦难之因。

他认为人生而平等，却发现社会上有种族、阶级的分别；又观察到凡夫成日追逐名利，贪恋欲乐随波逐流，不自觉岁月流逝，老病死苦接踵而至。他从生老病死中去体会，感觉到其中尤以亲情最难割舍，而人世间许许多多的烦恼，则是来自人与人之间的对待。

他不断思考，在静谧的环境中沉思：烦恼从何而来？如何消除烦恼？生老病死如何解脱？人与人之间的不平等，又要如何改变？这是年轻的悉达多太子，对人世间发出的大疑问。

他隐约体悟出人生无常的道理，更感到情爱纠缠的痛苦，因此决意离开富贵享乐的环境，去过修行求道的生活，寻找对治众生迷茫的方法，令众生皆得解脱。最后，他出家了。

修行者悉达多踏上追求真理的道路，经过参访、苦修的漫长旅程，体验不同宗派间的教旨，对每位宗教家、学者他都虚心求教。苦行者的毅力令人尊重,学者的研究精神也给他很大的震撼,但是对年轻的悉达多来说,尽管有些心得,却觉得还是不究竟。

他决定独自追求天地宇宙的真理,万物有物理,人的身体有生理,人的内心有心理,如何透彻这些万物、生死、心灵烦恼的课题?怎样才能突破迷茫,见到真纯清净的道理?他以坚定的信心独自踏上探寻的路途。

这是佛陀发心求道之前的一段心路历程。之后悉达多太子经过访道、苦修等等尝试,最后在菩提树下证悟,佛法就此生根传扬,开枝散叶广化天下。我们后世学佛的人,有幸浸沐在佛法光辉下,不得不对佛陀礼拜顶戴,感恩佛恩浩荡。

人生,懂得感恩的人才能知足,能知足的人才会快乐;修行也是如此,内心知足即无贪恋,心无贪恋则意不颠倒,所以要懂得感恩。我们尤其要感恩佛,佛陀有感于众生迷茫,发心探究宇宙人生的真理,因而归纳出"三理四相",世间一切都不离这个原则。

"三理"——物理、生理、心理。"物理"包含成、住、坏、空四相,所以世间没有一样东西是永恒常住的。人的身体变化称作"生理",包括生、老、病、死四相,一样是分秒变迁。人的"心理"则有生、住、异、灭四相,一念好心生起,很快的念头又断了;一分感恩心起,很快又转移了,这就是心念的变化。

我们存在成住坏空循环不息的宇宙间,随着生理生老病死的变化,心理也不断在生住异灭中轮回,说来危机四伏、苦难偏多。面对这么多的苦难,分析起来道理很大,名相也很多,于是佛陀慈悲应机逗教,就以八种简单的方式,为我们归纳三理四相之下的八大苦难,使我们了解而警觉,彻悟苦、集、灭、道的真理与实行。

菩萨所缘
缘苦众生

缘起

·原经翻译者·

后汉安息国三藏安世高大师[*]

在讲述这部佛经之前,我们首先要感恩本经的翻译者,就是"后汉安息国三藏安世高"大师。

安世高大师,出身安息国(今伊朗)太子,对佛法十分好乐。老国王过世后,他接掌了王位,但是他认清了人生无常的真理,视荣华富贵如浮云,所以就把王位让给叔叔,自己出家去了。

出家后的安世高大师潜修佛法,在修学有所体会后,更加深他探研佛法的渴望,于是周游列国,辗转因缘下,于东汉(后汉)桓帝建和二年来到

---

[*] "后汉安息国三藏安世高大师"为原经翻译者,证严上人依大藏经所载宣说,因此此处的"后汉"是指东汉,并非是指五代十国时期的"后汉"(947—950年)。——简体字版编者注

洛阳,便在洛阳安住,一方面研习汉文。过了一段时间已通达汉文,故在精研佛法之余,着手中译佛经的工作,总共在中国翻译了二十九部经论,《佛说八大人觉经》即是其中之一,提供后学者莫大的学习资粮。

除了安世高大师翻译之外,明朝澫益智旭大师并为造论,弘扬传布此经。

· 释经题 ·

《佛说八大人觉经》

学佛就是志在成佛,所以要虔诚敬重、坚定志愿。坚定志愿的首要条件即是"守时如教",每天都要守护光阴不虚度,以时间来累积成就一切,如佛所教、惜时精进,这就是守时如教。

佛陀的教法和寺院规矩,我们必定要掌握与奉行,保持心静无杂念,修行看似平淡,实则守时如教的功夫就在这里。

《佛说八大人觉经》,"八"是数字,指的是我们应该了解与觉悟的八大项目,能够了解这八大项目,就不会迷失生活与修行之道。"大人"就是"大士",也是"菩萨"的意思,就像我们称观世音菩萨为白衣大士;凡是发大心、立大志愿、奉行大道者,就称为大士或大人。"觉"是不迷。所以"八大人觉",即是八种菩萨应该觉悟的道理。

【开经明义】

为佛弟子,常于昼夜,
至心诵念八大人觉

为佛弟子，常于昼夜，至心诵念八大人觉

学佛，目的就是要成佛，成佛的条件在自觉觉他，觉行圆满就成佛了。人生之苦，苦在迷而不觉，若能将自觉之后的心得教育他人，使人人皆从迷茫中醒悟，才是自觉觉他，觉性的教育。

众生心迷心乱，世间就无法产生善的循环，所以心乱则世乱。佛陀是大觉者，他将求法觉悟的心得向人间宣说，对佛陀的教育，愈是智慧高、根机好的人，接受度愈深，研究得也愈透彻。

这部《八大人觉经》，进入经文开宗明义即曰"为佛弟子，常于昼夜，至心诵念八大人觉"；"常"是不间断，意思是身为佛弟子，在日常生活中，无论是白天或晚上都要精勤不懈，时时诵念这八种修行觉悟的方法，行在菩萨道中，求佛、学佛、觉悟

而成佛。

当然，觉悟的方法道理很深，不过安世高大师以浅显简短的文句翻译，让我们容易阅读和背诵，就像很多人喜爱《静思语》，正因为它简短浅白，又能运用在日常生活中。《八大人觉经》的内容亦是如此，每一段文字都不长，但是其中蕴含的意义却很深广，我们可以时时记忆与应用，所以"常于昼夜，至心诵念八大人觉"，行住坐卧之间都能背诵。

要知道，佛弟子无论是在家、出家，既然已皈依佛，就要时时依教奉行，我们开始探讨《八大人觉经》，此时此刻也该立愿奉行道法，日夜用功不间断。

"至心"就是很虔诚；内心真正虔诚，对佛法一定能感应道交，将佛法深切铭刻于心，这样才叫做至诚。道理常常印在心上，时时运用，即使待人接物间外境时现，都能及时悬崖勒马，一一拆招化解。常听到慈济人说："实在做得很累，但是师父说'分秒不空过,步步踏实做',还是不能懈怠,再认真做吧!"日常生活把握分秒,万一心生懈怠,只要想起师父的话,自然又再提起精神,精进向前,这就是因为慈济人能带着虔诚的心处众入群。

慈济人散布在地球各个角落,这一边正在休息,地球另一边的慈济人已经开始一天的付出;等到他们要休息了,这一边又接续着利益人群的工作,如此昼夜轮替不停息,累积出无数动人的故事,谱成一部现代的历史——"慈济大藏经"。

经者,亘千古而不变,以时间来说日夜不停,横向来看则遍布全球,每个慈济人都是把握时间发挥爱心,付出无所求,那种至诚无染的爱,即是发自至诚的心,人人有这分至诚,没有事情完成不了。儒家大师孔子,赞誉学生颜回"得一善则拳拳服膺",我们也是一样,求得教法后再普遍传给别人,依此奉行就能广利群生。

所以慈济人,内心要建立"诚正信实",自我净化；对外的动作则是"慈悲喜舍"，诚正信实的人生是自爱，对外付出慈悲喜舍就是爱人。这样的自爱爱人，一定是自觉之后才能觉他，这就是我们学佛不能缺乏的至诚。

看看世间多少可爱的人！就像印尼有一群发心付出的企业家，至心虔诚从事慈济志业，他们接受师父的委托，清理印尼黑色心脏的红溪河，拆迁河上违建居民，建设大爱屋使之安身立命。他们相信师父的教育，依照师父的委托完成任务，不但拉近印尼华人与当地人民的距离，更使雅加达亮丽起来。可见天下无难事，只要有心，至心诚恳，得一善拳拳服膺，这种积极的人生无事不成。

所以说来，学佛、行菩萨，必定要至诚如教修行。《八大人觉经》经文精简浅白，道理却如此奥妙，对人生有很大的帮助，我们应该好好铭记在心，勤习背诵不舍昼夜，请大家多用心！

【第一觉悟】

世间无常；国土危脆，
四大苦空，五蕴无我，
生灭变异，虚伪无主，
心是恶源，形为罪薮，
如是观察，渐离生死。

世间无常

佛陀希望我们能时时警觉世间无常,常有这样的觉悟,才能下决心在道业上精进;能够觉悟无常,凡事就不会那么计较、执著,自然减少许多烦恼。

世间无常,二十世纪末的两次大地震,我们记忆犹新,一九九九年八月十七日土耳其发生大地震,瞬息间,多少人家破人亡!天人永隔的悲惨景象震惊国际。消息传至台湾,慈济人本着人道、生命平等的精神,立刻联络甫结束科索沃赈灾,即将于马其顿转机回台的小组,改变行程续往土耳其勘灾。

小组人员风尘仆仆踏上土耳其,放眼所见满目疮痍。救人之务刻不容缓,小组人员于勘察后,立即采购床垫等物资展开发放,另一方面则将相片、文字、影像资料传回台湾。惊慑于大自然的威力，感同身受当地人民的苦难，慈济人很快在台湾发起驰援土耳其的募款活动。

那段时间，静思精舍的修行者，同样不分老少全体动员，连我们的猫狗胸前也挂起募款箱，一同投入募集爱心的行列。不只在精舍，所有的慈济人也都动起来，街头巷尾四处劝募，只为了对遥远的土耳其尽一分心。

但是，许多人的爱心被启发了，却也有人对慈济从事国际赈灾不以为然，发出了负面的声音。有人就指着慈济委员的鼻子说："土耳其在哪里？地震在哪里？你指给我看！"又有人说："我自己都需要人救济了！为什么台湾不救，要去救国外？"

听到这样的话怎不令人担心！不只担心劝募行动受到阻碍，更担心这股负面的"心力"，可能是一语成谶。要知道，人心善良，所居住的土地就能祥和平安，所以说"福人居福地"；假使这片土地上的人缺乏善心,反而生起恶念,不啻是自我诅咒。

常常跟大家说要自我祝福,如果人人内心都是善与爱,与人互动就有一分关怀,人人相互关怀自然形成善的循环、福的力量,这就是种"福业"。"福业"是一股气,台湾人说"福气、福气",道理是一样的。

自爱爱人,这就是福,我们经常心存爱念,与人为善,即使无法付出,也要随喜赞叹,人心和合,天时顺畅,才能营造祥瑞福气。但是有的人却逆道而行,不只是见人为善不肯随喜,甚至口出毁谤,阻碍别人发心,如此自障碍他,真是替自己造恶业,恶业共聚,所居的土地怎得祥和?

根据佛经里的描述,现在已经是坏劫时期,器世间不断败坏,如果不赶紧以福业共聚的力量挽狂澜,世间会毁坏得更快。好比大家共乘一艘船,风浪大的时候,除了驾驶人的技术纯熟,坐船的人也不能浮动,大家如果乱动,就会加速船只的翻覆。

同样是一九九九年，在九月二十日那天，有慈济列车回到花莲参访，我借机对他们说明救援土耳其使善业共聚的观念，鼓励人人齐心向善，也警惕人人要有无常观；土耳其发生灾难，同样在这块大地上，台湾不是不可能发生。这是在九月二十日那天所说的话。

孰料九月二十一日凌晨一点多，突然间天摇地动，台湾九二一大地震，死亡人数超过二千人，同样带来国际震撼。从那时开始，慈济跨出了九二一历史的脚步，以无比沉痛的心情"救台湾"，蓝天白云的身影投入灾区，同时向国际间呼吁爱心捐输，以圆之前大家说"为什么不救台湾"的口业。

感恩全球慈济人，拼尽全力在侨居地为台湾展开劝募工作，有的国家碍于法令不得募款，当地慈青就以洗车打工的方式捐出所得。许许多多的感恩事千言难尽，地震灾民"安身、安心、安生"的工作则在大爱中迅速推展。海内外的爱心汇聚起来，很快地，大爱屋盖起来了，不久，五十所希望工程学校一一矗立，一棵棵新芽破土重生。

一念生心动三千，为圆口业所付出的代价，实在太大了！所以要时常觉悟"世间无常，国土危脆"。时间不断在转动，一定要把握住当下生起的这念善，将刹那化为永恒，就能成就福气善业。

国土危脆

世间有没有静止不变的境界?答案是没有。大自然本来就是瞬息万变,光说我们看得到的太阳、月亮、地球,就要不停地互相绕转,一刻不得脱离它的轨道。

至于修行者的心念,每天早上三点多起床,上大殿虔诚课诵,之后念佛、静坐。这个时刻看似静止,其实是我们心自静,身外的环境并没有静止啊!原本阒黑的天空,早课下殿后已经明亮起来,一花、一草、一木的身影如此明朗,这就是不知觉中的变动。

所以佛陀警惕我们"世间无常,国土危脆",的确是如此,像是二〇〇二年底,印尼亚齐省发生规模七点七地震,可以想象威力多强,还好不是发生在人口稠密处,否则又是一波大灾难。

接着意大利埃特纳火山爆发,新闻影像上火柱冲天,火势将夜空染成一片血红,似乎要吞噬整个大地。未及一月,意大利中、北部豪雨成灾,同时发生海啸引致海水倒灌,造成严重灾害,闻名全球的"水都"威尼斯,这回也不免望水兴叹。然而意大利南部却传出焚风灾情,风力又热又强,许多树木遭连根拔起,大自然的威力呼风唤雨,人类再强还是无法招架。

这一连串的灾害——地震、火灾、水灾、风灾。为什么会有海啸?是受外海风力或是地震的影响,造成海浪的变异。为什么火山会爆发?就是地热要发散出来,爆发的岩浆接触空气(风)便引发燃烧。至于为什么有地震?

有一回,我们的大爱小记者(按:大爱电视台节目之一)去访问地震中心,请教地震成因。中心人员很仔细地为孩子们介绍,告诉他们地震后有的土地会整个隆起来,有时地震前地上会冒出泥浆。小记者就问："为什么地底下会有液体，泥浆是怎么冒出来的？"

中心人员解释说："地底下充满土壤、水分和热气，地层受地球板块推挤或断层影响产生震动，泥土和水分就乘着热气冒出来，成为泥浆。"原来如此！古代科学不昌明，于是想象为"地牛翻身"，现代科学让我们了解其中原理，却也更体会国土危脆，有一项因素不调和，就要赔上人命、财产的损失。

谈到地震，不由想起九二一过后，又有另一次地震，在南投的九份二山引发气爆。当时气爆点上有一户人家，是慈济的照顾户，他们的房子随着地气往上冲，并飞了几百米远，房子掉下来摔得扭曲变形，很不可思议的，这家人却毫发无伤。另有慈济幕后委员一家人，他们的房子也在滑行几百米后获得平安。

但是其他二三十户人家就没有这般幸运，气

爆后,整座山地滑动崩塌,几十户人家全遭活埋。

人生就是这样无常,所以"平安就是福"!

学佛,要内外清楚,不能只沉迷眼前的平安;平安时要懂得感恩,感恩要多付出,人生的价值就在行善。光阴迅速变动,要说"静",总是心自静,其实心外没有静的境界,所以我们应该把握时间,才能在有限的时间中,无限延伸生命的良能。

四大苦空

每天庸庸碌碌地过日子,对飞逝的时光到底有没有什么感觉呢?

有一天晚上,看到书房的佛像前供了两朵牡丹花,引起我的兴趣,就特别伫立欣赏,盛开的牡丹又美又白,很洁净。但是心念随即又转:愈美的花,盛开的时间愈短,这两朵牡丹又能美丽几天?

结果才三四天的时间,再从佛桌前走过,其中一朵已经凋谢了,地上、桌上都有好几片花瓣,一下子心里感触很深!

花开、花谢,日出、日落,就像人生的过程,但是每天看着日出日落,看着花开花谢,一般人还是没有感觉,也没有体悟,这就容易庸庸碌碌、空白地过日子。

其实再仔细去分析这朵花,它同样起于一颗

种子,以现代的科学观点来看就是"基因",牡丹的基因,开出来就是牡丹花。它在土地中,地(土壤养分)、水、火(温度)、风(空气)调和了,随着时间慢慢冒出地面,抽枝发芽,开花,最后自然地凋谢。

人也一样,父精母血混合之后就如一颗种子,生命基因构成了,我们就在母胎中开始成形。原本只像一颗露珠,慢慢出现人的形体,有了四肢、五官和内脏,大约经过十个月的时间,就呱呱坠地来到世间。

花是如此,人亦如此,大地草木无不都是如此,都有这种共通的道理,形体虽然不同,原理却是相同的,同样由基因形成,同样需要四大和合,才能健全平安地长成。

宇宙大地随着时间不断生灭,在垂直的时间与普遍的空间中,无一是"常"。看看我们所居住的台湾,根据研究,一万八千多年前还和大陆相连,后来冰河融化淹没连结的土地,形成台湾海峡，台湾才成为一个岛屿。这就是一个无常！

但是，万物的运转不能有一点偏差，稍微变动就可能导致重大的灾难。一九九八年七月间，大洋洲岛国巴布亚新几内亚发生巨大海啸，最大的一波海浪以时速三百公里冲击沿岸地区，摧毁至少九个村庄，瞬间夺走两三千人的生命。

勘灾人员来到这个国家，碧海连天、水天一色，大地一片青翠，人民的生活虽然简单，却也祥和安乐，难以想象海啸发生当时，是如何一阵遮天盖地的恐怖景象。所以说"世间无常，国土危脆，四大苦空"，四大一不调和，大地万物瞬息毁坏。

谈到"四大苦空"，地、水、火、风是构成万物的四大元素。所有坚质的东西都属于"地大"，大地上有空气（风）、有温度（火），地底下则有水，任何时间都在变动，假使变动过大，就会造成毁灭性的灾难。无常的运转下，根本没有永恒的存在，所以万物的本质毕竟是"空"，到头来还是幻灭变迁。

大地看来很坚固，其实也很脆弱。台湾九二一大地震，许多建筑物应声而倒，几年后回想起来，还是一样惊心动魄，尤其南投县境内的九九峰，原本青翠连绵的山头，突然间像脱去了外衣，赤裸裸的黄色丘岳，瞬时一片死寂。原来，雄伟的山脉也是不堪一击！

再看到地震后，有一所学校的运动场竟然拱成一个小山丘；而云林县的山则滑到嘉义县，并造成一座大湖，可知这股自然的力量多大啊！

所以宇宙之间，最重要的就是调和，四大调和了才能平安。大地是如此，我们的身体也一样，宇宙是大乾坤，我们的身体是小乾坤，其中一大不调就疾病丛生。

人体的地大包括皮、肉、骨、脉等物。血液、痰、唾、眼泪属水大。腰酸背痛、骨折等是地大不调，就像大地有了伤痕一样。一些血液方面的疾病则起于水大不调，像是慈济的骨髓资料库，就是为了拯救白血病等血液病患而成立。

骨髓负责人体内的造血功能,是生命的主流,一旦不调立即危及生命。所谓骨髓移植,在基因配对成功后,受髓者需要接受"歼灭疗法",即是将体内原有的骨髓细胞,无论好坏尽皆消灭,再注入捐髓者健康的骨髓,使好的骨髓细胞在新主人身上正常地运作造血功能。

常说"众生共业",在骨髓细胞的世界里也是如此,移植前无论好坏都要一起歼灭,等到注入健康骨髓,体内的细胞也要能和平相处,合心运作,才可能得救。小乾坤如此,大乾坤何尝不是这样,唯有人心向善、人人爱护大地,普天下众生才能平安。

合心、和气、互爱、协力,生命共同体的安危,期待人人共同承担,这就是修行者的目标。

五蕴无我

生命的长短万物不一,但是最后同样要凋零、归于尘土,看清楚了,四大假合无不是归于空,所以说"五蕴皆空"。

佛教徒常常都会诵念《般若心经》,其中的"五蕴皆空",五蕴就是色、受、想、行、识,又作"五阴",是类聚一切有为法的五种类别;概分为两大部分:色属于四大假合的物质,其他四蕴则是心灵的感受。

眼睛所见的一切称为"色",无论是黑白、长短等等,包括我们人的身体,都属于色蕴的范围。人体在大自然的境界中,在四大假合的状态下,同样只要一不调和,就"四百四病生"——佛经中以此表达疾病种类繁多。其实现代医学所探讨出的病理,大大超过四百四病,许多看不见的细菌、病毒都会致病,甚至威胁生命。

二〇〇二年十一月上旬,有一件令人非常心痛的事,澎湖地区的慈济委员慈诺(张庄桂桑)罹患"溶血性贫血"不治往生。众人哀伤之余,回忆她生前拖着病体,思想却非常健康,仍然尽心尽力做慈济,照顾澎湖离岛上许多独居无依、苦难病痛的众生,并以坚忍的精神带领当地的慈济人,传承爱心良能。

直到往生前,还交代家人为她捐出大体,最后不仅捐赠一对健康的眼角膜,也完成病理解剖、成就医学的心愿。虽然她只活了短短的五十年,但是她的一言一行深刻动人,这出人生人戏演得精彩绝伦,难怪往生前后都有那么多人围绕着她,相信她此生无憾了。

体内的四大不调,造成病与死的痛苦。像东台湾较常见的恙虫病,恙虫的体形只有针尖般大,被咬的人很难发现,病发症状则类似感冒,经验不足的医师也容易忽略,无法对症下药,病情严重的却会要人命。

我们在大爱新闻里,又看到马来西亚有一位患者罹患"象脚病",一只脚肿成平常人的四五倍粗,看起来和象脚一模一样。

所以说"人之大患,在吾有身",四大假合的身体时时要受病痛的考验,身体不适更会引发心理的病态,身心饱受煎熬,实在是苦不堪言!

"色蕴"以外,就是受、想、行、识。"受"是感受,有的人虽然身体健康没有病痛,心灵却不安定,看得顺眼的,感受就很欢喜、快乐;假如稍微不顺意,很快就感到椎心裂肺的痛苦,这些都是心的感受。

听到有人生病了,我们会为他感到舍不得,如果是和我们关系亲密的人,感受又会更深、更痛,这种人与人之间的感受,确实很复杂。

接着是"想",就是想法,想字上面一个相、下面一个心,意思是将形象放在心中,相和心会合起来给我们的感觉,就叫做"想"。比如喜欢的人出了远门,我们就会想念他,时常想起从前相处的情景,又担心他在外地的安危,这就是想;或是与人结怨,心中时时想要报复,这也是想。

有一则新闻,一个女孩子因为和男朋友感情冲突,情绪非常不稳定,看什么人都不顺眼,谁和她说话也都反弹,有一天家人说了她几句,她就把酒精倒在脸上,然后点火燃烧。结果,虽然紧急送医,还是烧得面目全非。

这种情绪的反应,是因为情绪的感受已经深入她的思想,遭受波折时又无法自拔,情关难过,所以做出一辈子后悔的行动,这就是"受"与"想"所引起的烦恼和痛苦。

再来是"行",行是很微细的转动,就像我们生存的时空在不知不觉中变动,天荒地老、海枯石烂,连巨石也在不知觉中化为尘土,这种微细的变化就称为"行"。

人由父母的精血交合而成,在妈妈的肚子里发展成胞胎,由一小点慢慢生长,逐渐有了四肢五官和脏器,直到足月了才离开妈妈的胞胎,出生人间。出生后的形态,从婴孩而幼年、青年,浑然不觉时又从中年而老年,其中的变异微细得令人难以察觉,这就证明天地万物都离不开"行蕴"。

最后是"识"。受是刚感触到时的感受,之后脑海中会浮现这个形象,然后就深入内心再作思考,所以受与想是心灵的造作,之后就会表现在我们待人处事的形态中,一有行动即是造因,业的种子就逐次显现出来。

在行蕴的变动中,人心也随着岁月不断累积执著,因而造作种种善业或恶业,这些善或恶的种子最后收纳于"藏识"中。所以说"万般带不去,唯有业随身",过去、现在所发出的一切心念或行动,其结果都会收入我们的意识中,又如影随形地影响未来的生生世世。

色、受、想、行、识,除了"色"包括色身、肉体之外,其他四项都是无形的。虽然无形,但是在我们的生活中却占很重要的地位,不只是今生今世主导我们的方向,同时还延续到来生。

于是,令人产生疑问的一点是,明明说"五蕴皆空",受想行识变异不息,为什么又说它能延续到永恒?其实关键就在瞬间的念头,瞬息之念虽然无法在现实生活中常住,但是我们发了善愿如果能够好好把握,依照这个方向去实行,就能使愿心愿力绵延不断。

如同悉达多太子觉悟人生生、老、病、死之苦,启发了内心深处的愿力,因此放弃王宫的享受,往求道、求觉的道路走,也因为有了这个行动,今日我们才有佛法可学,这种心灵的大觉悟发为行动后,即可化刹那为永恒。

常说"把握当下,恒持刹那",则"瞬间即是永恒",就像慈济人常存着爱心、感恩心,付出无所求地去做,这分大爱就能永远照拂苦难的人群。

佛法开启我们的智慧,引导我们发挥慈悲心,才能拯救世间的苦。要去救苦,必定要先了解道理,所以学佛,最重要的是使我们时时警惕,对一切境界了知无常、危脆;体会四大苦空,万物生成都是因缘和合,一旦其中一项失调,它就败坏了;觉悟五蕴无我,凡事不可执著,一切都是虚伪无主,就好像虚拟的世界。

但是,行菩萨道要精进,不能自我解释为"一切都是虚无的、都是空的,何必还要辛苦修行? 何必去做救人的工作? 反正什么都没有啊!"这就误解了佛法的真义,我们四大假合的色身虽然无常,只要发一念真心,为人间的苦难求觉道,这就是永恒。

所以不要觉得什么都没有,所做的一切都会储存在藏识中,引导我们将来的去向。所谓"真空妙有,妙有真空",道理就在这里,真正的空也就是真正的妙有,大家要好好地思考,多用心!

生灭变异，虚伪无主

心念无常，昨天喜欢的人，今天说不定就反目成仇，若是掌握不了心思的变动，一有偏差，就容易做出偏差的行为，其结果伤害自己，也伤害他人，这在现在的社会比比皆是。

发生在美国圣荷西有一个案例，这个家庭的先生是香港人，太太是台湾人，他们带着孩子移民到美国。不料原本向往的生活并不顺遂，工作压力让先生喘不过气，结果意志消沉的他，在枪杀妻子和一对儿女后举枪自杀。这是很令人遗憾的一个案例，个人思想的偏差，却毁灭了一个家庭。

个人的偏差结局如此，假使一国执政者的心思不正，整个国家的人民都要受灾殃。

可记得阿富汗？科索沃或是柬埔寨？这几个国家都是因为社会动乱，国家不安，所以人民受尽辛苦。这些地区我们都曾经去帮助过,看到当地人民生活艰困,不禁慨叹:少数人的心思偏离正道,原本安乐的社会就此充斥内战外患,人民流离失所。

所以说"生灭变异,虚伪无主",人生有许多无法掌握的变动,昨天不是今天,这个时刻绝对不是另外的时刻,一切都是"虚伪无主",一切都是四大假合,没有固定的相,也没有不变的事实。在如此变动不息、虚幻不实的时空下,一切生灭变异都蕴含着无限苦难。

《金刚经》经文有云:"如梦幻泡影,如露亦如电。"人生就是这样,如梦、如幻、如水泡,亦如朝露、电光,都非常短暂而易于幻灭,如果把这些虚幻的东西当真,那就很辛苦了。

从前有一位国王很爱他的女儿,什么东西都愿意给这位心爱的小公主。

有一天,小公主陪着国王在水边散步,看到水在流动时,互相挤压激起了水泡,泡泡被阳光一照,现出美丽的七彩颜色。公主看了很欢喜,就对父亲说:"父王,我要这些水泡,您叫人取这些七彩的泡泡,我要放在房间里好好欣赏。"国王就吩咐随从去取水泡。

想想看,水泡一碰就破了,哪有办法拿起来呢!侍卫没办法,公主又要宫女去拿,同样拿不起来,再换大臣去拿,还是拿不起来。公主生气了哭闹个不停,国王很心疼,就拿属下出气,准备开杀戒。

后来一位大臣就向国王提议:"是否贴出告示,征求可以取出水泡的人?"国王无计可施,只好听从大臣的提案,发了一个告示。

其中有一位很有智慧的老人,为了避免国王迁怒他人引发杀机,就去撕下告示,士兵便将他带到国王面前。国王很高兴,就对老人说:"只要你能拿起水泡,自然大大有赏。"老人说:"没问题,只要公主肯和我合作,我就拿得起来。"公主听了也很高兴,愿意和老人合作。

老人就对公主说:"请您一起到水边来,挑选您喜欢的水泡,我就能拿上来给您。"然后老人递给公主一根针,请她将选中的水泡挑起来。

公主接过针来,果真聚精会神地弯身挑选水泡,但是每颗水泡一碰到针尖就破了,公主挑了半天,终于没能挑起任何一个。这时老人就说:"公主,您都拿不起来了,别人又怎可能拿得起水泡呢!"小公主若有所悟:"这种东西碰都碰不得,哪有办法要呢!"丢下手上的针,公主放弃了这个虚幻的执著。

一般人的贪著执取,和公主要求水泡的心理不是一样吗?求不得就生出诸般怨恼,甚至伤害自他。人生在世,若不能了解名利、欲望都是"虚伪无主",身心永远得不到平静。

现在大家都普遍使用电脑,电脑科技也发展

到景观合成上,把一个人的相片和各地的风景影像合在一起,就好像那个人实际"到此一游"一样。

从前的人对照相技术已感到不可思议,现在电脑科技更带来许多便利,开启人类宽阔的视野。想想,电脑里面有什么实质的东西呢?没有,只不过是一些电脑程式而已。但是太依赖电脑的结果,也会招来人类的灾难,有一天电脑全部不能运作了,存在电脑里的资料全都消失,人类可能就一无所有了。

如此说来,世间并没有什么可靠的东西,愈是依赖它愈是危险,但是现在很多人都迷失了,不能将科技作适当的应用。就像之前新闻报导,两个十七岁的孩子在网咖里上网,忽然间倒在地上被送到医院急救,原来是两人在网络的世界里浑然忘我,不吃也不睡,最后营养失调脱水,就这样倒下了。

这实在是堕落啊!不仅是青少年,其他年龄

层的人也开始沉迷于网络世界，他们无法面对现实，却投入其中游荡，是不是很可悲也很可怕呢？

人生确实是虚幻变迁，在二〇〇二年十一月间，美国密西西比到弗吉尼亚州之间，一早天未亮，忽然刮起超过七十个龙卷风，横扫五大湖、六大州，其中田纳西州灾情最为严重。

另外，靠近俄亥俄州有一座戏院，开头风力不大就照常营业，后来风势增强才紧急疏散观众。才刚将大家疏散出去，一阵风就结结实实地吹过来，连地面上的轿车都被卷到空中，再重重地往戏院屋顶砸下来，灾后现场一片残破，好在观众已经疏散了，要不然真是不堪设想。

世间无常多变化，谁会想到欢欢喜喜地去看戏，却差点遇上无妄之灾。所以"生灭变异，虚伪无主"，人生实在没有什么好计较的。日常生活待人处事、起心动念中，要照顾好我们的心念，不小心起了烦恼，就赶紧转个念头，不要让偏差的感受主宰不当的行为；面对偏差的埋怨或激动的欢喜，都要冷静下来，去除得失心，不需要太过欢喜，也不必悲观，能够这样，心就能平和。

与人相处，要懂得将心比心，己所不欲勿施于人，必定要多多和人结好缘，因为好、坏都是一颗种子，影响着我们的现在与未来。修行就修在时时心念平和、行为端正，自利也能利益他人。

> 心是恶源，形为罪薮，
> 如是观察，渐离生死

身体健康顺畅就是人生的福，因为世间万物总是不断生灭变异，到底有什么好追求的？所以此时此刻健康、幸福，更希望我们内心自在。心不自在，外在不断变化，人生一定十分苦恼，而且无法忍耐。

有一则新闻，一位妇女已经怀孕九个月，一时想不开，只留下"对不起，我累了"这几个字，就烧炭自杀了。一尸两命，像这样的人生多无奈啊！不只伤害了自己，连自己腹中的骨肉，也要陪她共赴黄泉，将带给她的家人多大的伤痛呢？

"想不开"只是一个动念，但是发为行为造作，就会形成一颗业的种子。这颗种子已经埋藏在她的业识中，而这样的决定是否就能一了百了？这辈子有烦恼困惑着她，她没有解开，又带着不快乐、怀恨、埋怨的烦恼而去，来生还是没完没了，同样烦恼不停，加上要承受前生自杀的业果，真是业上添业，苦上加苦！

"心是恶源，形为罪薮"。"心"指我们的念头，凡夫经常欲念多、心思又复杂，纠结的心念无法解开，就会产生重重叠叠的罪恶，所以说"心是恶源"，一切行动无不是从心起。

在加拿大温哥华，离市区不远处有一座养猪场，主人涉嫌连续杀害六十三名特种行业女子。警方追踪几年苦无证据，后来才以拥有非法枪支名义逮捕他，并进入养猪场搜证，挖出十八具尸体。到底发生了什么事？什么原因使他连续杀人？其实还是起于"心"，心思迷乱了，不是伤害自己，就是伤害他人。

心念偏邪，而"形为罪薮"，心念带动行为，罪业即成定局。"形"就是我们的身体，这个身体会去造作很多的业。"薮"是杂草丛生的湖泽,就像泥巴坑一样,所有的脏东西都附着在坑中;一切罪业都是心带动身体去造作,而且累积在意识中。

所以我们学佛,时时要将身心照顾好,《静思语》说"修心养性",能用心修养自己的人,表现在外的风范就是柔和善顺、宠辱不惊。有的人说起话来刻薄尖酸,有修养的人听了常是一笑置之,更能善解包容,所以孔夫子说"三人行必有我师焉",总是"择其善者而从之,其不善者而改之",只要肯下功夫,行为自然"随心所欲,不逾矩"。

修行者确实要常常警觉"心是恶源,形为罪薮",心如何去感觉,我们的身形就如何表态,若能"如是观察",则能"渐离生死";能观察体悟因、缘、果、报形成的原理,就能渐渐脱离生死轮回的宿命。

佛法说"六道轮回",多数人都希望生天,但是学佛者所冀望的应该是净土。至于净土在哪里?

其实心净国土净，净土在人间，天堂也不离人间。最怕的就是掉入阿修罗道，或是饿鬼、地狱、畜生道，这些也都不离开人间；地球上的动物都属于畜生道，有些人一天到晚吵架、对骂，这就是人间的阿修罗；目前的世界，全球上亿人口面临绝粮断食的危机，这些极苦的人生不就是在饿鬼道？更有许多天灾、人祸交逼的地方，众生身心的折磨比地狱尤甚！

世间有多少苦难，很多都不是我们能左右的，一切皆幻化，就算眼前欢喜美好的境界，到底又能把握住多少？所以《八大人觉经》的第一个觉悟就是"世间无常"，没有一件东西、没有一个时刻能停止变动，绝对是无常。

国土也因无常而危脆。我们依止大地而生存，大地就是我们的依报，有福的人报生善处；无福之人则报生在多灾多难、灾祸频仍的国土，人祸的杀戮，牵引干旱、水灾、风灾的肆虐，饥饿、瘟疫痛夺人命，那伤痛的人，几乎来不及哀嚎！

过去生所种的因，使我们不由自主投生在依报之处，因此我常说要感恩，能生在四季如春的台湾。所以在幸福的环境中，要把握机会精进修行，好好观察世间万物的无常，罪恶的结集都是因为人的"心"，体会了这一点，应该下功夫好好修心养性，端正我们的行为，就能慢慢脱离六道轮回的束缚。

心念永远清净，即是在净土中，就不会在修罗、地狱、饿鬼、畜生这些境界中轮转，永远是一个觉悟的人生。

【第二觉知】

多欲为苦;生死疲劳,
从贪欲起,少欲无为,
身心自在。

多欲为苦；生死疲劳，从贪欲起，少欲无为，身心自在

修行最重要的，就是心中少欲知足、无贪无求，才能轻安自在；人生什么都是幻化无常，假使存着计较的心，只会造成身心的苦难。

所以《八大人觉经》的第二个警觉，就是让我们知道"多欲为苦；生死疲劳，从贪欲起，少欲无为，身心自在"。这段文字虽然很短，如果做得到，身心肯定是海阔天空，当然，这对一般人来说好像不是很容易，但是对修行者却非常重要。

媒体有过这样的报导，一群大学生参与"贫穷一周"活动，实际体验清贫的生活。活动规定一星期的花费不得超过五百元，于是每个人各出招式，向最低消费数挑战，有的人去菜市场捡拾摊贩不要的菜叶等，有的人就向超商要来刚过期还可食

用的熟食,有的人三餐都吃面条减少开销……总之想尽办法少花钱。

一周之后冠军产生了,住在家里的一组参赛者,第一名花了三十七元,而外宿组的冠军也只花费七十元。他们接受访问时,被问及清贫生活的感受。同学都说,这种惜福的体验感觉很好,会去思考什么是自己真正需要的,也很感恩父母让他们生活无虞,而且肚子饿的时候,吃什么都好吃,很容易满足。

透过这个活动我们看到,快乐并不在于物质的享受,真正的快乐就是那分心安自在,"少欲知足"就是快乐。相对的,"多欲为苦;生死疲劳,从贪欲起",贪求愈多,身心的束缚也愈大。

有一位慈诚队员很久不见了,见面时我就问他:"怎么这么久没有看到你?"他说:"很忙啊!今年已经跑了几十个国家。"

"为什么这么辛苦呢?"

"没办法啊！要做生意，业务如果不自己去跑，我担心现在景气不好，不努力一点不行！"

"那么，你们一家有多少人？"他算算也没几个人。

"才几个人，需要忙成这样吗？"

他讪讪地说："对哦！也不知道为什么，反正以前就是这样做，现在还是一个国家、一个国家去开连锁店。"

"这样的生活快乐吗？"

"唉！累得要命！"

看他生意做得这么大，但是真的快乐吗？结语是"累得要命"，这样的生活真是很疲劳；把事业铺展到那么多国家，自己累得分身乏术，也没有机会享受，到底是为谁辛苦、为谁忙呢？人生若能想得透，就不必活得那么辛苦了。

还有一则新闻，菲律宾一位计程车司机，幸运获得国营彩券头奖，得到一千九百万比索（合台币一千二百万元)。领得奖金,除了购置新居、新车,他还大宴宾客庆祝中奖,结果第二天就遭七个蒙面者劫财害命,前后不到十天的时间。所以,有钱不一定是福,危机往往就在身边。

佛经里也有一段记载——

一位勤政爱民的国王,把国家治理得十分富庶稳定。有一天他突然想:自己向来勤于政事,我这么努力,到底百姓的生活形态又是什么程度?大臣于是向国王禀告:"国王,依我所见,人民的生活富乐安康,国王可以拨出时间到城外走走,实际探访。"国王想想也对!自己从来没有出城巡视过,就接受大臣的建议巡视国土。

老百姓听到国王出巡都非常欢喜,平时能安居乐业,都是因为国王的德政,所以人民自动自发地,预先将国王巡行经过的路线清扫、布置一番,恭迎国王的到来。

国王走了一回,沿途得到民众的欢呼拥戴,眼前所见尽是一片富有、亮丽的景象,次第巡视后,国王就欢欢喜喜地回到王宫。回宫后,他又不断思考:人民都这么富有,到底对国家有什么利益?不如把人民的财产都集合起来,看看大家的财富究竟有多少?说做就做,命令发布下去,人民也都很配合,一一呈上财产清单。

其中有一位城中的大富长者,呈上的财产数目只有三千万,国王明知长者很富有,财产怎么可能只有这样而已?所以就召见这位长者:"那天路过你的房子,又大又豪华,大臣也说你家财万贯,绝对不只三千万的数字,你胆敢欺骗我!"

长者闻言,不慌不忙地回答:"国王,我没有欺骗您,我所有的私财就是这些。"国王又问:"财产就是你的,为什么还分什么'私财'呢?那么,其他的钱要做什么?"长者说:"我能够自由应用的,才是我的私财。这些钱都是用来救济人群、解除人的苦难,看到有人贫穷困难,能够自由付出,这才是我能运用的部分。至于其他财物,不过是五家共有。"

国王一听感到十分好奇:"什么是'五家共有'?"

长者就恭谨地说明:"所谓五家,第一是火,第二是水,第三是恶政,第四是不肖子孙,第五就是盗贼。"国王听了很感兴趣,就请他详细解释。

"水是天然的灾难,这种无常的天灾不可抗拒;火也一样,经常都有意外发生。盗贼以偷抢为业,有钱人是盗贼所注目的焦点,时常会受强盗劫掠。再来是贪官污吏;最后是好吃懒做的不肖子孙,就算有金山、银山,还是会坐吃山空。所以财产是五家共有,到头来生命终了时也带不去,只有眼前还能把握机会付出。"

国王听了深表赞同:"是啊!人生真的是无常。"

回头看看现在的地球,灾难频仍,水大不调就水灾泛滥,动不动又是泥石流。之前澳洲、美洲、欧洲纷传森林大火,焚风一吹,树木互相摩擦,火势一发不可收拾,连救火队都束手无策,除非老天有眼降大甘霖,否则只有任其烧干烧尽;而后续对地球生态、气候的影响,更是难以评估。

看！实在很可怕！国家再富有,遇上这种天灾,也同样无法可想,何况还有人为的侵犯,就像那位奖金得主一样,有了财富却引来杀机。

近来尤其听到许多企业遭银行拍卖资产,或是拍卖大楼、大片的高尔夫球场。正是因为很多企业都只是泡沫经济,企业愈做愈大,同时不断向银行借贷款项,继续拓展业务,其实企业所拥有的资产根本抵不上贷款金额。经济好的时候,表面看来名声大、资产多,但是有的人一个月利息要缴几千万,景气不好的时候,利息缴不起、贷款还不出,当然只有宣布破产,任凭银行拍卖一途了。

财富恰似水上泡,争名夺利汲汲营营,到底能享受多少？认真去想,吃饭的时候,一只手只能端起一个碗、拿一双筷子,桌上再有多少菜色,肚子只有一定的容量;睡眠时,一个身体要睡多大的地方？三尺宽、六尺长的一张床,应该就能睡得很安稳;身上穿的,一次也只能穿一套衣服。这样吃得饱、睡得稳、穿得暖,已经提供了基本的生活,不必多么富有,就能过得平安快乐。

其实,富有是内心的感受,"知足之人,虽卧地上犹为安乐;不知足者,虽处天堂亦不称意",心理上如果不满足,永远都是最贫穷的人。

我们学佛,要学会如何管理,有钱时要懂得如何使用;没有的时候也不要计较,这样的人生就是幸福的好人生。

过去也说过,一般人智慧的理财是将财产分成四分——一分奉养父母;一分供给妻儿;第三要为社会做一些好事;第四则是留一些本金好好经营事业。如果没有本金,却一直借钱做大事业,这是很危险的事,现在的社会就是犯了这种毛病,只有一分本钱就做十分事业,双脚踏进空中楼阁。

"生死疲劳,由贪欲起",世间看透了只是一条轮回路而已,为了欲念填不足,今生辛辛苦苦,来生还是一样吃苦不尽;如果能去除贪欲的诱惑,知足的人就是最快乐的。

记得台湾九二一地震后,我们盖了一些大爱屋提供给灾民居住,十二坪的房子不大,但是每一户都得到一幅"静思语":"屋宽不如心宽",鼓励大家与其求屋宽,不如求心地宽敞。所以"少欲无为,身心自在",面对现实能安分守己,拥有的时候要多付出;没有的时候也无非分的贪念。

学佛,一大重点就在学得减低欲望,看看在大自然的境界中,无为无欲就是自然,这种少欲无为才是修行者的境界。学佛没有什么特别,最重要的是这念心,把心顾好,不要开放心的欲门,如此就能身心自在。

【第三觉知】

心无厌足,惟得多求,增长罪恶;菩萨不尔,常念知足,安贫守道,惟慧是业。

> 心无厌足，惟得多求，增长罪恶；菩萨不尔，常念知足，安贫守道，惟慧是业

每天平平静静、安安稳稳地生活，这真是人生的大福，修行者的心境应当"清贫乐道"；内心真正清净，没有欲念，就能远离烦恼，如此无欲守道，即得开启智慧。

这是《八大人觉经》的第三觉知，"心无厌足，惟得多求"，明明知道多欲为苦，内心却永无厌足，还是不断贪爱追求。在永无止境的追求当中，用尽各种手段，甚至抢夺偷盗，结果只是增加罪恶的累积。

"菩萨不尔"，觉悟的菩萨就不会这样愚痴，自堕恶业的深坑。他们一心为众生奔忙，不为己身求安乐，哪里还会想要追求享受，相反的，他们总

是"常念知足,安贫守道",这就是菩萨的行为。

想清楚了,世间实在没有什么好求的;就算求得了,也不见得就能满足、快乐,但是社会上就是因为人心贪无厌足,因而造成许多祸端。

记得二〇〇二年十月间有一则国际新闻,史瓦济兰国王依照传统,在每年的少女节庆典上,选择女孩成为他的新妃子。一名十八岁的少女被选中后,即被带入宫中训练,学习如何侍候国王。

另一方面,女孩的母亲非常反对,觉得女儿还年轻,应该继续求学,于是具状控告国王的两名朝臣绑架其女,虽然碍于当国法律不得控告国王,却希望以此引起人权团体注意,迫使王室放回她的女儿。结果此举引发强烈舆论,并要求废除国王"每年纳妃"的风俗。

史瓦济兰是非洲最后一个君主专制国家,现任国王的父亲一共有九十九个太太,大约二百五十名子女,而现任的国王一样绍继这种传统。

这个国家经济落后，人民贫困，国王竟然还每年选妃，更极尽帝王的享受，这种传统实在应该改变。但是并非传统不能改变，而是心欲、对女色的贪求无法看开，心欲不断追求，以为娶愈多妻子，代表财产愈多，这样的观念就是"惟得多求"，同样"增长罪恶"，一国之君招致人民怨怒，可不是缺乏智慧？

倒是在伊朗，则有五名性侵害刑犯被当街吊死。这个国家和史瓦济兰不同，他们对于男女之色分得很清楚，虽然可以一夫多妻，但是不能有强迫的行为，这五名刑犯强行侵犯妇女，因此被判处吊刑，并且当街示众以昭儆戒。

这分判决同样引发人权者讨论，认为国际间已经废止这样的刑罚，所以应该修改法律。但是也有人认为不能修改，因为色欲是众恶的根源，应该严惩重罚，才能彻底遏止犯罪。

这就是各国的传统不同，但同样是因女色而

起,这种贪欲确实是众罪增长的源头。

而后又有一则惊动国际的消息,尼日利亚举办选美,媒体记者不当的言语,引起伊斯兰教与基督教徒大规模冲突,二百多人在暴乱中丧生,另据估计,受伤人数多达一千两百人,并造成一万两千人无家可归。

这也是为了女色,要选出世界最美的女孩,为此赔上这么大的代价。主办单位是不是就此取消呢?并没有,主办单位最后移师伦敦举办。

哪一个女人是世界最美的呢?美丽的定义其实没有绝对的标准,何况也没有哪一个人能够永远保持青春美丽。

大爱电视台的节目,曾经报导一位从前的金马小姐,台湾当年的金马小姐同样经过挑选,一定是面貌美、身材好。但是际遇弄人,这位金马小姐几年前,在一场意外中烧毁了整张脸,同时婚姻也发生变故。这段时间她的人生仿佛失去了光彩,整个人变得十分自卑,内心非常痛苦。

幸好在一个因缘下,她接触了慈济,慈济委员用真诚的爱去陪伴她、辅导她,使她慢慢地由黑暗走向光明。现在她做环保做得很快乐,对于毁容一事也已经心无挂碍。

过去的她真的很美,但是今何在?世间只要是有形的东西,就有一天会损坏,所以人生应该去除贪欲,就不会自招灾祸。

因此,菩萨"常念知足,安贫守道,惟慧是业",修行者所要追求的是智慧,以智慧透彻人性,指引众生回归清净善良的本性,这就是利己利人。许多人间的菩萨确实是无所求,所追求的惟有智慧,这在慈济大团体中比比皆是。

学佛,要学得心清净,对物质寡欲知足,如此便能成长慧业。

【第四觉知】

懈怠堕落；常行精进，破烦恼恶，摧伏四魔，出阴界狱。

懈怠堕落；常行精进

学佛能把握时光，思想正确、分秒不空过，这就是精进的人生；精进的方向不可偏差，一点点的偏差，很快就会堕落，无法自拔。

佛教徒的精进，不一定是去寺院拜佛、念佛、诵经，最重要的是"行经"。当然拜佛是表达佛教徒的虔诚敬仰，所以入寺院要虔诚礼拜；诵经则是对佛陀的教育反复加强印象，深刻了解佛的教法。如果不曾读诵经文，就不知道佛陀曾经说过这么好的话，指引众生正确的方向，修行失去道路就会步步难行。

诵经如同旅行者的地图，有了地图辨别方位，才能指出一条成佛之道，所以读经就像在问路。念佛则在"念得佛心为己心"，因为学佛就是为了成佛，要成佛，就要具备佛的精神、佛的理念，所以佛陀的思想精髓在哪里，这是我们应该知道的。

佛为救济众生而修行，众生的苦难有心灵之苦、有物质之苦，佛陀的教育，就在辅导众生打开迷茫的心灵，转凡成圣，去恶行善。许多边地下贱的众生，生活苦不堪言，天灾、人祸、饥饿交迫，这种共业苦难的地方，需要有爱心人伸出援手，发挥人道精神去帮助。这种爱的力量，就是"佛心"，所以我们拜佛、念佛、诵经，最后一定要去实行。

佛陀在《八大人觉经》的第四觉知，提到两个对比的见解动作——"懈怠堕落"与"常行精进"。堕落的人生就是因为懈怠，如果能看清懈怠堕落不仅损伤我们的生命，更残害我们的慧命，就会下定决心奋发精进，以大勇猛心摧伏烦恼障碍。

有的人能力很好，却不肯好好发挥；有的人则是所发挥的方向偏差，"聪明反被聪明误"，将聪明用错了地方，真的是害人不利己，这就不是上进，反而是堕落了。还有一种人自视甚高却又眼高手低,普通的工作不屑去做,天天等着理想的机会从空而降,一定要有理想的职位、事业他才愿意做,结果长期赋闲在家。

发生在意大利有一则新闻,一位已取得法律硕士的三十岁青年,因为工作职位不符理想,一直待在家里,不肯再去找工作自立。他出身单亲家庭,父亲一个大男人独力抚养他长大,还栽培他完成高等学历,谁知学成后竟然不肯工作,父亲觉得这样不是办法,应该让他振作起来,于是中断他的经济来源,想要迫使他自立。不料辛苦栽培的儿子,倒是利用法律所长,一状告到法院,控告自己的父亲。

法庭经过几次审理,做父亲的据理陈述:"孩子自小没有母亲,我一边工作,一边又要照顾他,如今已经尽了我的责任。他三十岁,学业也成就了,我一个年近七十的人,还有什么义务抚养他呢?"听起来很有道理。

不过法院最后判决儿子胜诉，父亲败诉。法官认为儿子虽然已经能够自立，但是职位并非他的理想，所以失业在家，既然孩子失业了，父亲当然有义务要抚养他。

这则新闻在意大利也是轰动一时，许多为人父母者都很惊诧，为什么法官会有这样的判决，难道父母亲要抚养孩子一辈子吗？对子女没有年龄限制地提供，这样的判决不是很负面吗？但是法庭已经这样宣布。

听到这则诉讼的结果，会觉得父子的亲情、人生的思想意识，以及社会的法律观念，在在都令人感到迷惑。到底什么才是正确的思想？法律之前什么才是真正的公平？最重要的，什么才是亲情真正的意义？人生的目标又是为什么？

这位三十岁的青年罔顾亲情，竟然状告父亲，白费了父亲养育栽培之恩，带给父亲多大的心灵创伤；他的思想贡高偏差，愈是贡高，堕落愈深。

所以类似这种人,都属于"懈怠堕落",不能就其所学来发挥,这种眼高手低的人,实在是人格堕落者,哪怕他的学位再高,还是白白荒废的人生。我们如果能冷静思考,就应该舍弃堕落,趣向精进的道路,如此"常行精进",才能"破烦恼恶",消除烦恼、不再造恶。

想到台湾有很多可爱的人生,非常地精进,记得台南有一位张先生,本身是小儿麻痹患者,要做任何动作,全身都得跟着动,是一位不良于行的残障者。

但是他很有志气,虽然从小被弃养,不过他很认真独立,训练自己能够谋生,每天很早起来,整理好自己,就穿梭在大街小巷卖口香糖,无论刮风下雨,都带着他的小摊子出门。

公家机关要将他列入重残的救助对象,他不肯,他说:"我从小到现在受尽了辛苦,业已经够重了,虽然是一个人生活,但是没有饿过肚子,所以我不必别人救济,还要努力去救济别人。"所以他风雨无阻去卖口香糖,身体的动作很不稳定,却是满面笑容,每天都以快乐的心情面对。即使做这么小的生意,他还每个月捐钱,帮助比他更可怜的人。

天差地别的两个年轻人,一位是好手好脚却不肯做事;后面这位张先生手脚都不便利,除了婉拒公家机关的救济,更努力工作,发心救助别人,这样的生命勇者,才真是身残心不残的进取人生。

这样的人,我们可以说他是残障吗?看起来他什么都能做,所以连"残而不废"这四个字用在他身上都不适当,因为无论在什么地方,他都是以身示教,以乐观、坚强、富有爱心的形象,鼓舞着手脚健全的人。他的心灵健康没有障碍,虽然没受过什么教育,却有充分的智慧,懂得做人的道理,更能少欲知足,所以心中无烦恼,再怎么复杂、苦难的人生,到了他眼里,全变成一片清净的世界。想到这位张先生,无形中就给人很大的鼓励。

所以学佛精进,不一定要在寺院拜佛诵经才叫精进,除了虔敬三宝、理解佛经的道理,还要去行经,将佛陀的教育实行出来,走这条济世救人的路。

好的人生、好的模范,不在一个人富有与否,端看他的行为能否为人表率,思想正确的人生就是我们要学习的对象。当然错误的示范,也能让我们引为警惕,"三人行必有我师焉,择其善者而从之,其不善者而改之",懈怠的人生终究要堕落,常行精进就在如何去恶从善,转烦恼为觉悟!

破烦恼恶，摧伏四魔，出阴界狱

学佛者每一天都要自我警惕，无论出家、在家，精进的人生不可或缺。

精就是专心，进就是向前进步，世间有求不完的知识，所以要精进；发展事业也一样，专心精进才能成就事业。何况是学道者，修行道路漫长，既得人身，又能听闻佛法，踏上了起点就要谨慎专心，方向要准确，脚步绝对不能停息。

懈怠的人生会堕落，不进则退，所以必定要有精进的心态，才能"破烦恼恶"。

烦恼是自心的敌人，我们通常只知道身外有敌人，却忽略内心和我们最密切、念念跟随的敌人，那就是"烦恼恶"。这些烦恼恶，也就是我们的"见思惑"，"见"是见解，见解有了错误，行动就会偏差。《地藏经》中说"举心动念，无非是罪"，一个人的见解有了偏差，说的话就会错误，恶口、妄言、绮语、两舌，无不是造下口业。

人的见解不纯正，动作也会产生偏差，就如目前普遍的青少年问题，整个大环境的走向偏离正道，年轻人也随之闻声起舞。沉迷网络的虚幻世界，或是感情问题看不开，为了爱情可以把亲情、友情一笔勾销，一旦情海生波，则又激烈地以自杀、杀人收场，这都是见解不正所起的烦恼，称为"见惑"。

再来是"思惑"，思就是思想，比见解更深，影响的范围也更广泛，国家或团体的领导者，思想一有偏差，祸患就波及国家社会，人世间的混乱皆来自于此。

当然，思惑对个人来说，同样是自己的敌人，有的人明明知道自己的错误，要改却不容易。常常听人说："师父，我真的想要改，但是不知道为什么看到事情很快就冲动起来,过后也知道错了,我真的要改!"口头上说改,心理上却游移不定。

如果要改就要下决心,慢慢将错误的冲动减少,这是渐进的方式;若是较有智慧的人,就一改千悟,下了决心很快就能彻底改过来,除掉内心的见思惑。

"破烦恼恶",也就是杀烦恼贼。在《佛遗教经》和《佛说四十二章经》都提到,我们的内心有四大贼,必定要一一杀灭。"四大贼"就是"四魔",四魔都隐藏在我们心中。

第一是"五蕴魔"。五蕴前面已经解释过了,除了色身之外,受想行识都在我们的内心造作,心向偏差,行动就会越轨,造作之后的结果成为业的种子,即隐伏在藏识中。这是五蕴魔。

二者"烦恼魔",烦恼魔是见思的烦恼,见解、思想不正确,就会对家庭、社会、国家造成危害。

三者"天魔",天堂人人都想去,但是天堂的享乐对修行者反而是一种阻碍,天魔更是时时想尽办法,要来扰乱发心修行的人。因为三界之内都是天魔控制的范围,而修行者所追求的理想则是脱离三界,永断生死,如此魔王就损失了魔子魔孙,所以天魔对修行者都会有所障碍。

我们也常听到"魔考、魔考",其实外魔不可怕,最怕的是自己的心魔,三心二意不定性,天魔才会有机可乘。

心魔自作怪,要选择修行或选择享受,这两种心态常常自我交战。修行怕辛苦,无法清贫乐道,有的人就说:"我很喜欢修行,不过想到早上都要三点多起床,心里就怕了,睡眠这项实在没办法克服!"或是说:"我很羡慕修行者,但是叫我长年累月都穿同样的衣服,真舍不得世间那么多美丽的衣裳!"衣、食、住、行对他来说都有很大的挑战,这就是心魔在作怪。

四者"死魔"。生命有限,百岁古稀,死魔一直潜伏在我们体内,生命尤其在呼吸间,不一定会经过老的阶段,看看新闻,护士一不用心打错针,就造成七个婴儿一死六伤的悲剧,存活下来的孩子也会带着后遗症。可怜镜头上一位妈妈痛哭失声:"我的孩子!我还没抱到我的孩子啊!"这种生死挣扎,多苦啊!

于是,有的人就说"一辈子反正也没多久,最要紧的就是及时行乐",因而醉生梦死,不思精进,不懂得珍惜人生。他不知道这是"死魔"所设下的另一种陷阱,专门迎合堕落懈怠的人。

以上就是"四魔"。其中首要消除的是"五蕴魔",若能解脱色、受、想、行、识的诱引束缚,就能降伏烦恼魔,见思惑尽净,超越名利富贵的执著与贪生怕死的障碍,如此,天魔不得扰乱,死魔也无处伸其魔掌,一切魔障即得解除。

修行学道无非是要明理,能立定志向,发出虔诚恳切的原力,这样,无论是内心的魔,或是外在的障碍烦恼,都可以去除。人人都害怕死魔的追逼,但是生命本来就是无常危脆,病魔来袭时苦不堪言,对道业同样有所障碍,假使不能警惕无常、及时修法,有朝一日舍了此身,前途茫茫,真的不知何去何从。

生死大事,有的人学佛为了求解脱,所以很努力地念佛、诵经,但是到头来还是很迷惑。这就是没有彻底了解佛法的真义,也不曾实际做出心得,因此死到临头时,再好的妙法还是帮不上忙。假如能够借事修心打开烦恼,自然可以通过死魔的考验;烦恼解开了,面对生死安然自在,就没有什么好怕的了。

许多可爱的慈济人,总是打开心门去付出,心门打开了、爱心启发出来,过去的错误又能及时修改,观念一调正,在菩萨道上就可以走得很稳定。走上菩萨道,回过头来,也能了解生死无常,更懂得把握时光,好好运用人生。

如已逝的慈济委员静蓉,她是很资深的委员,虽然没有很高的学问,这条慈济路却走得很稳。当她老来生病了,心念还是那样稳定,病中也没有放弃做慈济,还把慈济精神继续传承给她的先生和孩子。

一直到病重住进医院,她也已经准备好要做"大体捐赠"(按:捐赠遗体,供医学教育解剖),心灵最后的归宿是交给佛菩萨;身体则交给医学生做解剖,在她的身上学习人体的构造。当时我出外行脚,接到讯息说静蓉病危,想再见我一面,我就请人打电话告诉她:"放下吧!来就来,去就去,这是师父说的。"我人在外面怎么可能和她见面?所以要她随缘放下。

结果行脚回来她还活着,我去医院看她,就轻松地说:"你还在啊?"

"是啊!师父要我随缘放下,来就来,去就去。"

"没错,醒过来就是还在,要感恩又多一天让你有心理准备;又多了一天,让你和大家说说话、结好缘。"

"对啊！所以只要我醒着,就跟人说慈济,我都有把握时间。"

"这样很好。假如是安心睡了,再醒来时,就要乖乖听人家(按:指下一世的家庭)的话。"

"嗯,这个我已经准备好了。"

又经过一段时间,她就跟我说:"师父,我都已经准备好了,不知道为什么,睁开眼睛,都不是要好好听话的时候;而是一睁开眼,就要好好说话。"我说:"你真有福,所以有机会就赶快和人分享。"

"好！我一定记住师父的话。"她就是这么轻安自在。

还有一次去看她,她在睡觉,再过两天又去,她已经醒了,我就说:"那天师父来,你还睡你的。"结果她幽默地说:"师父,我知道您很忙,我是替您多睡一些。"虽然是这么简单的对答,对我而言警惕很大:我能够辅导她"来就来、去就去",将来有一天,自己是不是能够做到?有时也会以此自我警惕。

她做到了!听话的人做到了。到了最后她很轻安,还挥挥手跟守在身旁的师姊们道再见,就这样自在地去了,这么轻安、这么自在、这么解脱。

所以精进修行,就是"内能自观、外能体念";向内自我观察内心的世界,面对外在一切人事物常起警觉,体悟人生、勤念正道,这是很重要的。将身心内外的四魔降伏下来,这样才能"出阴界狱"。

"阴"就是"蕴",蕴是积聚、覆盖的意思,烦恼无法断除,就会不断累积,对我们的修行产生障碍。所以学佛不能懈怠,懈怠就是放纵自己,今朝有酒今朝醉,今朝有福今朝消,每天都在消福,缺乏正念、正见、正思惟,当然无法做到正语、正精进、正业、正命、正定,生命都是邪知、邪见、邪命、这就是在阴狱中由不得自己,像关在监牢里得不到自由。

总而言之,听法是用来降伏我们的心,改正偏差的思想行为,烦恼调伏了,"摧伏四魔,出阴界狱",即使面临死亡的考验也无所畏惧,仍是那般轻安自在。

【第五觉悟】

愚痴生死；菩萨常念，广学多闻，增长智慧，成就辩才，教化一切，悉以大乐。

> 愚痴生死；菩萨常念，广学多闻，增长智慧，成就辩才，教化一切，悉以大乐

佛陀指导众生精进的方法，就是要多听多闻，实行而后觉。佛为众生而求道，再将体悟后的心得，向世人宣布、教育，后人听闻佛陀觉悟的道理，必定也要用心体会，则无论先觉或后觉，皆得增长智慧，显发佛性。

"行万里路胜读万卷书"，多听多闻能使我们立志的方向更加明确，即不致产生偏差。否则，时时处于沉浮迷茫中，只是随业流转，永远不得解脱。

《八大人觉经》第五觉悟："愚痴生死；菩萨常念，广学多闻，增长智慧，成就辩才。"

迷与悟只在一念间，"愚痴生死"，我们应该觉

悟所以有轮回生死,就是因为众生愚痴迷茫,沉迷六道不能自拔。什么是"愚痴"呢?大家都知道贪、瞋、痴,因为痴才会起贪;贪求不得就起瞋恨,不仅扰乱自己的心,还危害整个家庭或社会,这都是起于众生愚痴的心念。

心地愚痴、烦恼覆蔽的人,遇到事情总是只看表面,无法体会精微的道理,日日贪著五欲,不断浪费生命,任凭身体毁损老化而不觉,宝贵的慧命也在享乐中夭折,这就是"愚痴生死",常沦生死苦海不得解脱。

譬如有位慈济委员身体不是很好,先生很不能接受,就会埋怨:"太太当委员,也做了很多好事,为什么还会生病?"其实,生病是很自然的事,怎么可能当委员就不生病呢!行善付出,善的愿力能帮助人坦然面对业力,如果以为做了好事,就能脱离自身的业报,实在是错误的观念。

还有一位慈济医院的病人,心脏病合并肺癌。

他住院时一直很埋怨:"我怎么会有心脏病?我怎么会得肺癌?你们医院在宣导戒烟,我都已经戒了,怎么还会得心脏病和肺癌?"问他:"戒烟多久了?""一个星期。"一星期前来看病、做检查时要他戒烟,他倒是真的戒了,但是累积了三十几年的烟害,怎么能不生病呢!他却无法接受。

物质都有生灭,既有生,就有老、病、死,平时的生活懂得节制,能爱惜自己,就是身心健康之道。假使生病了,一样要面对现实就医治疗,这才是正确的态度。

"菩萨常念,广学多闻",菩萨就是觉有情,也就是觉悟的人,他知道贪、瞋、痴使人苦患无穷,这念心打开了,他就能专心向道。所以说"菩萨觉有情",心智一开,不只自利还能利他;不只自救更要救他,发挥菩萨慈悲的本怀。

上求佛道、下化众生,这就是觉悟的道路,所以我们每天都要精勤求法,"多闻令志明",看得多、学得多，了解人生的方向，志愿确立了，不但能够增长智慧，还能将所得、所了解的再传出去，让别人也能够明了。

当然，佛法如大海，想得到究竟体会，必定要下一番功夫，所以我们不能自大，应该谦虚精进，广学多闻，每天用心地听法，有朝一日听到一句最契机的道理，能够挣脱心灵的枷锁，一生就受用无穷了。

大爱电视台曾播出《轮椅上的父亲》这出戏，一样取材自真实人生，是慈济辅导过的个案之一。二十多年前，他们原本是一个和乐的小康家庭，先生努力工作，太太勤于持家，无奈一场意外中先生腰椎受伤，造成下半身瘫痪。

一个活泼上进、负责任又照顾妻小的人，突然半身瘫痪，无法再担起一家的生计，反而要让太太到外面做工，而两个孩子年纪又小，可想而知，他的心里是多么痛苦！

太太也很耐劳、很爱家，一心希望能有机会再让先生接受治疗，所以非常努力。但是当时花莲的工业不发达，找不到好工作，所以经人介绍，她远离家乡到屏东工作。

这段时间家庭成员的身心倍受煎熬，先生的身体不见起色，反而经常发脾气，逐渐把自己封闭起来，所有不愉快都往太太身上出。太太看到先生身体没有改善，常常当他的出气筒也很郁闷，每次回家后，都是带着悲切的心情回到屏东。有一天，太太觉得身心疲惫，自己不分日夜地工作，先生还这么不能体谅，孩子那么小，什么时候才能卸下责任？她不知道希望在哪里，活着真辛苦，就这样自杀身亡。

消息传回家，先生也是万念俱灰，但是两个幼小的孩子要怎么办呢？

这个时候慈济发现了他们，开始去关怀陪伴，照顾这个家庭。开头先生迫于生活受救济，尽管慈济人真诚地对待,但是他的心还是打不开,每个月发放时,父子们来到精舍,总是坐在角落的地方。

有一回我走到他身边,问问他的近况,他就说:"我这辈子为什么这么可怜?为什么困难一个接着一个?我觉得人生很没有希望,为什么我这么可怜?"真的是满腹抑郁。于是我问他:"你的两只手是不是很健全?""是啊!很健全。""你只是脚不能走而已啊!""对啊,就是脚不能走,所以身上经常产生褥疮要去住院。"

我就跟他说:"其实世间不是你最可怜,你有没有去看过别人?比你更可怜的人很多啊!这场意外虽然是很悲痛的事,但是还有人手脚都不能动,只剩下头能动,他听得到、有感觉,但是全身都不能动,还有这样的人生!你的头脑还很好,你肯动的话,双手也很好,你不是世间最可怜的人。"

这一句"你不是世间最可怜的人",敲醒了他的心,他的心结完全打开了,有时心里烦躁,脑海里就会浮现这句话——师父说的,我不是世上最可怜的人,我还有两只手可以再打拼。

乌云拨开现光明,虽然还是受慈济补助,他也一边租起三轮车出去卖东西;尽管常常长褥疮进出医院,不过他已经提起勇气,心无烦恼,整个人生开朗起来,带着孩子勇敢地在人群中生活。他用心栽培两个儿子,后来一个当了军官,另一个是医师,这个爸爸的生命已经云开见月了。

看,一句话若能契合他的根机,真正打开他的心结,话不必多,只要一句就够了。不过,什么时候我们才能听到一句契机的话?不是等到契机的那句话再来听,而是平常就要以恭敬心来听法求道,等待时机到了,就能豁然开朗。

佛陀在世时,也有一段这样的故事——

当时佛陀住在祇园精舍,有的弟子则分散在不同的聚落、国家,其中议论第一的摩诃迦旃延,也住在距离佛陀很遥远的地方。

佛世时有很多外道教徒,听闻佛陀说法同样心悦诚服,所以远离佛陀之处,当地人就会把问题请教佛的弟子。

某日一位梵志,也就是外道出家者,他来到迦旃延的住所,向尊者吐露心中的疑惑。梵志问道:"为什么国王与国王之间或是长者与长者之间、人民与人民之间,都是相互斗争?甚至修行者、出家人,也会互相排斥,问题到底出在哪里?"尊者回答:"国王与国王的斗争,是因为贪欲;长者及一般人民爱争斗,同样不离开欲念烦恼;出家修行者互相冲突,则是出于我见,这都是人的毛病。"

梵志又问:"去贪欲和破除我见的道理,谁能为人解释,使人心开意解?"尊者就说:"释迦牟尼佛,他是十号具足的大觉者,他能分析人间种种贪欲我见,解除众生心灵的毛病。"

梵志听了赶紧站起来,问明佛陀所在的方位,就面对祇园精舍的方向,恭敬尊重地曲膝礼拜,向佛陀这位救世者遥表敬意。

世间,国与国相争,甚至富有人家明争暗斗,人与人不和睦,修行者之间互相不调和,会对整个社会造成混乱。这位梵志担心天下事,知道世间有佛陀这位大觉者,可以开导众生,使人人信服,如此,国家、社会、人群就有救了,他因此起了恭敬心,所以面对佛陀所在的方向恭敬礼拜。他虽然是外道修行者,却能在真理的前导下,不分宗教起尊重心,这才是大无私的宗教情怀。

同样的,记得一九九九年土耳其大地震,慈济人前往援助后,土耳其一些人士曾来台湾和我见面。他们都是穆斯林,谈话中如果时间到了,他们就会说:"请找一个地方,让我们膜拜一下。"我们赶紧找个安静的地方,他们进去了,就朝着圣地的方向膜拜,一天五次。他们不膜拜什么形象,但是有方向,无论多么远,都是同样调整方向去礼拜,这就是表示心灵的敬重。

学佛求道也一样,首先起尊重心,而后"广学多闻",才能"增长智慧"。比如听到某个人的故事,其他人有了忧愁,心结打不开,我们就将前面的故事和后面的人分享,以个案辅导个案,这样常看、常听、常用,增长了智慧,我们就能"成就辩才"。

这里的"辩才"并非世智辩聪,而是以真诚、智慧的言语,和人做心灵分享。人生有了明确的方向,增长了智慧,成就辩才,就能够"教化一切,悉以大乐",使人人听闻正法之后心开意解,放下心灵的桎梏,自然能够得到快乐。

慈济骨髓中心第五百多例的捐赠者,是一位年轻人,接到配对成功的消息十分欢喜,赶紧告诉他的父母,父母亲听了也全心支持。他的父亲还说:"可惜我年纪太大,没有机会捐髓救人,儿子能去救人,真是太好了!"

来抽髓时,父母亲都陪着孩子一起来,不是不放心,而是亲戚朋友听到要捐髓,大家都七嘴八舌跟他们说:"不可以啊!这是抽'龙骨水',抽了以后脊椎神经会受伤。"所以父母亲决定全程记录,了解整个抽髓过程,回去就可以大力宣导"救人一命,无损己身"的观念,让更多的人解除疑虑,共同来参与救人的行列。

这一家人,真的是菩萨家庭。儿子能发挥生命的良能,捐出骨髓救人,父母亲很有智慧,不但同意儿子捐髓,还陪同前来了解,做一个见证者,回去广为宣传救人的理念。

因此,人生方向正确,多听、多看、多体会、多了解,就能使我们体悟人生。智慧在生活中求,多闻而志明,就不会迷失在贪、瞋、痴的漩涡里,轮回六道无法自拔,所以要用虔诚、觉悟的心态来面对人生。

【第六觉知】

贫苦多怨,横结恶缘;
菩萨布施,等念怨亲,
不念旧恶,不憎恶人。

> 贫苦多怨,横结恶缘;菩萨布施,等念怨亲,不念旧恶,不憎恶人

学佛就是希望能开阔心胸,普观天下众生皆平等,这也是佛陀当初发心修行所抱持的心态,我们既然学佛,当然要依照佛陀的教育,启发人人的悲心爱念,行于菩萨道救济众生。

所以我们不断呼吁要"净化人心",去除心中的贪、瞋、痴,将人性的悲念启发出来,秉持"人伤我痛,人苦我悲"的心怀而付出。很高兴现在已经看到,社会上的爱心人士慢慢增长起来,许多团体提倡人道精神,都是跨越彼此的界线,合作从事援助工作。

放眼国际,灾难接连不断,天灾人祸造成缺粮缺水,许多慈善团体奔走救济,但是世间辽阔,要

能够透视到每个地方,并且顺利进行救援任务,着实不易。不过难行能行,救济之心必定要平等,有了众生平等的觉悟,认为所有的生命都值得尊重,这个观念一提升,很多困难都能突破。

话再说回来,要人救济不如自救。佛陀说"因缘果报",为什么世间有这样多天灾人祸?为什么有这么多苦难人?他们过去生中,到底造了什么因、什么业?这种果报应该多反省,其实这辈子会生在多灾多难的地方,应该是共业。

《八大人觉经》第六觉知:"贫苦多怨,横结恶缘;菩萨布施,等念怨亲,不念旧恶,不憎恶人。"业报的牵引,使人生活贫穷痛苦,在贫穷中,内心又有许多怨怼愤懑,心灵的自卑、怨恨不断挣扎,无法与人合群,所以"横结恶缘"。自己封闭了自己,自我错失得救的因缘,这样的人生也很多啊!

有一则新闻,一位四十岁的壮年人,失业之后就开始封闭自己,因为欠缴健保费,健保卡不能使用,所以生病了也没去就医。直到连续吐血两天,才在母亲催促下向人借了一万元,出门去看医生。

后来被人发现昏死路边,身上的一万元已不翼而飞,究竟在路上发生什么事也无人知晓,实在是件很遗憾的事。现在社会有这么多爱心团体,如果他能主动求救,一定能够得救,健保部门也能处理无钱缴纳保费的案件,应该不至于如此下场。他就是因为自我封闭,而失去获救的因缘。

"缘"字实在很奥妙,如果有这分好缘,即使住在深山中也能得救。慈济人就常翻山越岭,路途迢迢地替人送米粮、修房屋,或是帮独居老人清理居家和身体。

大爱台的"大爱小记者"节目,其中一集小朋友采访一位年纪很大的计程车司机。小记者问:"老伯伯,您为什么要开计程车?"他说:"开计程车很方便,知道哪里有穷苦人家,可以赶快带慈济师兄师姊去关怀。"

那一天他还带着小记者去基隆实地采访,在山上住了一位孤独无依的老人,老人家不只是老,还又病又贫。小记者看到师伯师姑对阿公嘘寒问暖,也很自然地伸出双手,将阿公的手拉过来抚摸着:"这么冷,手冷冰冰的。阿公有没有穿暖和一点?"

阿公很开心,就对小朋友说:"小孩子要常常发好心,做好事,多关心。"阿公在感动之余,也懂得机会教育,把这分爱的观念再传给下一代。相对的,这么小的孩子,就开始培养他对人类的爱、对老人的尊敬,相信他的人生一定不会封闭,还会再把这分关怀传出去。

只要有缘,处在深山有远亲;若是无缘,身处人群也孤苦。所以这个缘字很奇妙。

学佛者要懂得广结善缘,学习平等的精神,"菩萨布施,等念怨亲",菩萨以平等心看待一切众生,没有怨亲之分,只要对方有苦难,就会想尽办法去帮助。

记得慈院志工提过一个个案,一位阿公气喘病发来院急救,在医护人员的照顾下恢复了健康。这位阿公是我们的照顾户,孩子都住在台北,既不回来照顾老人,也没有分开户口,所以阿公无法向政府申请津贴,就由慈济长期济助。尽管如此,阿公还是十分乐观,只是一心感恩慈济,对孩子没有什么埋怨,他说因为孩子不孝,才能得到这一大群慈济儿女来孝顺,实在没什么好埋怨,他不觉得孤单。

这不就是怨亲平等?老人家受到慈济人的肤慰陪伴,已经不怨恨他的孩子,也不担心病苦,只感恩眼前的幸福。心境一转,哪有什么怨?哪有什么苦?物质的贫穷容易得到人帮助,心中的贫苦埋怨,就要看自己是否愿意打开心结。看看这两位老公公,虽贫不苦,没有埋怨就没有苦恼。

还有一位令人敬佩的老公公,他是乐生疗养

院的黄贵全老菩萨。有一次我行脚到关渡园区，他由委员陪着前来，拿出一包现金要捐给慈济，几十万元对老人来说是很大的数目，不知道是他多少年刻苦生活，勤俭累积下来的，但是老人家很欢喜地舍出来。

谈起这位老菩萨，真的是一位修行者，九十几岁了还是一样勤守本分，用心照顾行动不便的院友。

每天凌晨两点多他就起床了，第一件事是去沐浴，把自己清洗干净，三点多就开始他的服务。他照顾的两位院友都是病重卧床，生活无法自理，一位同寝室七十几岁的老人，每天黄老居士都为他翻身、换尿布，再把换下来的脏东西拿去洗刷晾晒。之后，他又走入另一间寝室，替一位八十多岁的老人倒便壶，帮他把身体清洗干净。

清理好，已经五点多了，天亮之前，他就将寝室打扫干净。六点多，厨房人员将餐食送到病房区,十几个人要吃的餐食,都由黄老居士一间一间去送,送进去,还要抱着院友们坐起来,将餐盘摆在面前让他们用餐。

这就是他每天的贴心服务,数十年如一日,真的是一位非常难得的老人。我对这位老菩萨,确实非常赞叹、非常敬佩。

那次他大病初愈来看我,还很自在地跟我说:"师父不必担心,我一切都安排好了,这些钱赶快交给师父我就安心了,心里就没有挂碍了,您不用为我担心。"

类似这样的人生,我们是不是也能做到呢?所以说来,我们要学菩萨道,就是要"等念怨亲,不念旧恶,不憎恶人",就像慈济救济的个案,也有的曾经过迷茫错误的人生,但是我们一样平等付出,既然要去帮助人,绝对不会问:"你过去是不是一个坏人?"

过去他的方向偏差,现在我们资助他的生活,同时也教化、纠正他的人生方向,这就是菩萨救济众生,从身、心、环境等等一切,为他调整教化。

学佛,要学得如何突破人世间的困难,这分难,难在解脱对不平等的埋怨。世间贫富贵贱的差异,我们要如何拉近它?当然需要以爱心去开启众生的心门,心结能够打开,就算遇到了困难,他也懂得善解知足。

总而言之,最重要的还是"自救",与人广结善缘,心中没有埋怨,看到别人的苦难能持怨亲平等的心,这就是学佛最重要的课题。学佛就是要成佛,成佛之前必定要行菩萨道,我们面对种种苦相的示范、教导,真的要珍视爱惜心中的善念,把爱心好好发挥出去。

【第七觉悟】

五欲过患;虽为俗人,
不染世乐,常念三衣,
瓦钵法器,志愿出家,
守道清白,梵行高远,
慈悲一切。

五欲过患

人之大患在于有身，有了身体就有不调顺的时候，风寒、病痛，这些感觉很令人困扰。但是，还有另一样最大的困扰，也是一样很大的过失，就是生死之间勘不破。

学佛者，绝对要认清六道轮回的存在，知道生生死死苦不堪言！而佛陀的教育，就在生死迷茫中，为我们指点迷津，使我们突破人生，解脱六道。人生的过患莫过于五欲，心中满是欲念的追逐，以致招来许多苦患灾难，一切的一切，无不都是起于五欲。

《八大人觉经》第七觉悟："五欲过患；虽为俗人，不染世乐，常念三衣，瓦钵法器，志愿出家，守道清白，梵行高远，慈悲一切。"首先就警惕人人"五欲的过患"。

"五欲"——财、色、名、食、睡。"过"就是错误、过失的意思。贪著五欲的结果,往往打乱了人生的规则,使人犯下许多过失与错误,一念偏差造成终生的遗憾。许多世俗人认为,人生当然应该尽情享受,就因为贪著"当然的享受",反而堕落五欲而不自拔,看看社会上多少人铤而走险,为了贪欲断送自己的前途,也毁灭他人的家园,这样的例子不胜枚举。

尤其近来常听到走极端的人格,发生忧郁症、躁郁症、精神错乱等等病态,比较激烈偏激的人,会做出伤天害理的事;有的人忧郁在心,变成伤害自己,常常传出自杀、跳楼的事件。

有一位壮年人,独力赚钱维持家计,偏偏工作不顺遂,就借酒浇愁,又染上赌博恶习。人说"贫贱夫妻百事哀",他的太太跟着他,贫困加上心灵的苦闷,对于先生日渐脱轨的行为很不能谅解,就向先生提出离婚要求,孩子归属先生。

过了一段时间,这位先生心情愈来愈恶劣,要改掉恶习却很困难,加上经济压迫,还有孩子抚养的问题,他突然把心一横,先灌孩子毒药,然后自己上吊自杀。

诸如此类的例子,现代社会层出不穷,原本小康的家庭,因为经济转变谋生困难,自己的心又没有照顾好,结果就是行为脱序,家庭感情破裂。更严重的,想不开,心理状态开始产生毛病,最后杀人、自杀,亲手毁灭了自己的家庭。

这就是一念贪,为了生活无法安贫守道,就容易出问题。另外也有很多经济型犯罪的情形,看起来事业做得很大,一个个连锁公司不断扩充,实际上却是买空卖空,吸收很多人辛苦储蓄的钱,一段时间后就恶意破产,一夜间,多少家庭的希望,投入的辛苦钱全都化成泡影。结果又有多少夫妻感情破裂,多少家庭走上自杀的路?这都是因为贪财。

"名"也一样,放眼天下,为了争名夺权,多少国家动乱不安?所以说来,财与名真的是困扰人生,也造成灾祸不断。

再来是"色",医院里常接触到这样的个案,男女之间为了感情问题一时想不开,服毒、跳楼、自焚都有,很多都是为情为色。

又看看现代人吃的文化,常听到台湾人一年可以吃掉几条高速公路,这种比喻应该也不为过。现在很多人家里都不开伙,三餐外食,这要增加多少花费啊?从前的人,一个家庭算"一口灶",一口灶的意思,就是每天有米下锅,这口灶生起火来能煮饭煮菜,这才是一个健康、幸福的家庭。

从前日本有一位天皇,有一天,他站在宫城上居高临下,观看清晨的东京。

天刚亮时,家家户户应该冒起炊烟,准备生火煮饭,奇怪的是天皇往城外看出去,竟然没有看到任何一家的烟囱冒出烟来。看了很久还是一样,只看到家家户户都有人出门,要开始一天的工作,却没有一丝炊烟。

天皇就问随身的大臣,到底是什么原因?大臣回答:"近来景气不佳,全国人民面临贫穷的边缘,所以老百姓都把早饭节省下来。其实人民连午饭的米粮都欠缺,哪还有早饭呢!"天皇听了很惭愧,为什么会让老百姓这么贫穷呢?这一切都要归罪于我,是我照顾人民不周到。

当天,天皇就发出一道命令,全国人民可以有三年的时间不必纳税。人民听到这个大好消息,一下子民心大振,都卖力地为家庭的生活而奋斗。

三年后,天皇又站在同样的位置看过去,清早的东京,家家户户的烟囱都开始冒烟了。天皇很欢喜,就对身边的大臣说:"看,每一户人家都生起火来,人民都有早饭可吃了。"大臣就说:"这是托天皇的福,因为您的仁慈,让人民不必纳税,大家为了感恩都十分认真,现在家家户户都很富足了。"天皇听了很安慰,又下令给老百姓三年的时间储蓄。

人民听到这个消息更加欢喜,感恩天皇视民如子,于是加倍努力,使国家处于兴隆昌盛的地位。所以"民富即国强",老百姓富有了,这个国家也就强盛,此谓之仁政。

我们吃的东西要节制,对生长食物的大地更要好好保护。近年来全球许多地区干旱问题严重,一向以畜牧业见长的澳洲,也面临土地沙漠化,水资源日形窘迫的威胁。当地慈济人实地勘查,汇整资料后,也进一步讨论如何协助依靠农牧维生的灾民。

从他们带回来的影片中看到,真的是一望无际的黄沙尘土,土地上的牛羊都很瘦,肋骨清晰可见,难怪那些赖之维生的灾民无法生存。

想一想,这难道不是人祸造成的吗?全球人口不断增加,现代妈妈大多不喂母奶,小孩子都是喝牛奶、羊奶，大人则是吃牛肉、啃牛骨、穿牛皮。为了因应此一需求，农牧业不断繁殖，砍伐森林种植牧草，水土保持屡遭忽视，动物的排泄物又污染大地，曾几何时，破坏大地的恶果已经回到人类身上。

人祸实在很可怕！所以饮食应该吃得天然。看看以前的妇女把孩子抱到胸前，喂孩子吃母奶，母子天性能够很贴心，人家说"母子连心"就是这个道理。现在喂母奶好像已经变成过去的名词，现代人不分年龄无不爱喝牛奶、羊奶，看看这片大地为了提供人类食用，需要豢养很多牲畜，这对大地的伤害有多大？人人如果少吃这些东西，对大地就有帮助。

因此，"五欲过患"——财、色、名、食、睡，这个"睡"字指的应该是享受，贪享受、好吃懒做，这种人一辈子都像在睡眠中不得清醒，不肯努力，更不肯付出。

看看前面日本的例子，只要把感恩心提振起来，人人都能努力向上，整个国家就会富裕起来。所以，大家要多多反省，离欲去贪，就能摆脱五欲的牵绊。

虽为俗人，不染世乐，常念三衣，瓦钵法器

生活中能平平安安，这就是人生最满足的。

食衣住行，要贪求多少物质？房子需要多豪华？其实房子再堂皇富丽，每个人使用到的空间还是有限，地方太大也用不了。常说"屋宽不如心宽"，住的地方干净整洁，能够遮风蔽雨，就是一个安稳的住处。衣服要穿多好呢？几尺布足以蔽体，清爽俐落也就足够了。至于吃的方面，一个肚子其实装得也有限。

这么说来，到底生活中为何而"贪"呢？人与人之间许多明争暗斗，难道不是由贪而起吗？贪是人生的苦源，贪著五欲享乐的人，内心不一定活得踏实喜悦。

所以学佛者，无论在家出家同样要"不染世

乐",出家固然要将世俗的欲乐舍弃,就算是在家的世俗之人,同样要尽量放弃不该有的染著。在世俗中生活,一样要好好守持自心,"爱心",就是爱顾好这一念心,这才是真正的自爱;自爱的人生不染著世乐,守于本分不越规,这是很重要的。

但是我们还是要生活,所以出家人就是"常念三衣,瓦钵法器"。佛世时,僧团弟子弃俗出家,保持简单的生活,所有物仅是三衣、瓦钵与法器。"三衣"是五衣、七衣、大衣,根据不同的场合及需求而穿着,因为印度是热带国家,不需要很多衣服,只要有三衣能遮蔽身体、维持威仪,就足够了。

"瓦钵"就是我们的碗,出家人用瓦钵,"钵"又称为"应量器",佛世时僧团每日外出,沿门托钵以七家为限,乞食一日所需,若是经过七家还不足数,亦自忏悔而止。"法器"则是庄严佛坛道场的器具。

出家生活很简单,三衣、瓦钵、法器,这样就能满足、悠闲地过日子。而世俗之人,到底需要多少物质才能满足?欲壑难填,真的非常辛苦。

在《六度集经》里有这么一段记载,佛陀在祇树给孤独园,有一天佛弟子围绕前后,佛陀就对弟子们说:"一般凡夫都是见财起贪,就算拥有再多的东西,还是嫌不足。"

过去无数劫前,有一位国王名叫和默,他的国土丰饶富庶,风调雨顺,谷稼成熟,金银等矿产也很丰富,拥有一大片取之不尽的资产。但是他认为这不是最重要的,最重要的是人民能和乐相处,人人安居乐业,丰衣足食,这才是他最大的愿望。

和默王慈心仁爱,平易近人,时常带领大臣出城巡视民情,看到街上士农工商安乐繁荣的景象,是他最欢喜的时刻;如果遇到思想偏差、知识愚惑的人民,就会十分悲悯,一心期盼他智慧开朗,知书达礼。

有一次一位年轻人竟然偷取财物当场被抓,

送到国王面前。和默王百思不解,全国上下都安分守己,为什么会发生这样的事?就问这位年轻人:"你为什么偷窃呢?"年轻人羞愧难当,向国王坦承:"我真的偷了东西,这是我第一次偷窃,我知道国王教育大家安守本分,但是我实在太贫穷了,饥饿无食,受冻无衣,不得已才会干犯人过。"

国王听了流下眼泪:"民之饥者即吾饿之,民之寒者即吾裸之。"不料国内竟然还有饥饿受冻的人,这就如我自身饥饿、赤裸一般,"该惭愧的是我啊!为什么让人民饥饿受寒呢?"于是大开国库,普施贫困之家,不让人民有缺粮、缺衣的遗憾。全国人民至此更加爱戴和默仁王,并且学习国王慈悲的胸怀,一国上下相率以道。

佛陀说到这里,就对弟子们说:"这位和默王就是我的过去生,累生累世在人间,无不都是在教化众生。"

佛陀在无始劫前,就已经"行慈怀悲"。视众生苦难如同自己受苦,这种感同身受的心就是"佛心",虽然当时尚未成佛,这种佛心悲愿早已深植心田。

人人皆有佛性,佛在过去生中,生为贫穷人,一样守戒奉道;出生为一国之王,也不贪著世间欲乐,只以天下众生为己任,这就是佛。

至于在家"俗人",一样有解脱五欲过患,精进佛道的大修行者。还记得四十多年前来到花莲,那时居无定处,不知何去何从?收容我的人是许聪敏老居士,在花莲,人人都称他为给孤独长者,时至今日,只要提到在家居士的模范,就会想到这位老居士。

老居士的居家生活和出家人几无二致,每天早上三点多就起床,做完整堂的早课。他的生活很简单,千篇一律,每天吃的就是豆包、青菜,穿着一套黑色中山装,就是这样简单,衣服也都是自己清洗。

那时老居士也七十多岁了,早晚课从不缺课,平时念佛虔诚,白天还要做事业,甚至许多人有了纠纷,都来找老人排解,哪里有苦难人,他马上伸手帮助,真的是近代的给孤独长者。以当初花莲的环境,老居士的经济应在首富,在这么富有的环境中,却能保持简单纯朴的生活,实在非常难得,所以我一直非常尊重敬佩他。

因此,处在名利地位中,却能够拨开名缰利锁,行于道中,这对一般凡夫殊不容易,如果是决心修行的人就不困难。

过去的释迦牟尼佛身为国王,能在五欲中心不染者,现代社会也有这样的人,许老居士他做到了。所以学佛应该抱着没有困难的心态,保持简单的心,身体力行佛的教法,这样"虽为俗人",也能"不染世乐"。

看看慈济人,出门都是穿蓝天白云、八正道或旗袍(按:皆慈济女众制服名,男众为蓝天白云及西装),他们同样也是"三衣";而且携带慈济人的"随身三宝"——环保碗、筷、杯。你看,这不也是在修行?菩萨游化在人间,他们同样带着他们的"瓦钵、法器"。

总而言之,我们修行、志愿出家,有些人是"身"出家,但是有些人是"心"出家。多少慈济人省吃俭用,就是要去付出、要帮助人,他们身体力行,"心"无贪著,"身"行道法,同样发挥了慈悲智慧。无论是慈济委员、慈诚等等,都是现代的修行者,行在菩萨道中,令人敬爱!

志愿出家,守道清白,梵行高远,慈悲一切

学佛者守志奉道,这是我们的本分事,无论在家出家,佛弟子一定要奉守戒律。出家人守持清规,五戒十善则同为在家居士所奉持,内容均不离身、口、意三业之规范。

"志愿出家,守道清白,梵行高远,慈悲一切",出家任重道远,传承佛法,荷担如来家业教化众生,乃是大丈夫事,将相难为。真正的出家人"守道清白,梵行高远","梵行"就是清净的志愿,也就是心不染著欲念,志愿广度众生,以慈悲心普化一切。

当然要广度众生,也要先自度,所以需要在一个环境里好好薰陶,接受佛陀的教化,因此有出家僧团的成立。出家人最重要的责任,就是将佛法

应用于社会、人间，使在家人接触了佛法，同样能开启自性三宝，不受世间欲乐的污染迷惑，皈依自性之佛、法、僧，回归清净的佛性。

佛法不离世间法，只要能用心体会，以智慧眼观天下事，无不是清净的佛法，即使是在家人，只要能深入法髓，保持心性清白，一样能识得自性佛、自性法、自性僧。

既识得自性三宝，则无论在家、出家，要使佛法得以显发，就要"慈悲一切"。对于这一点，佛陀也说过一则公案——

过去有一位贫穷者，家境贫困，一向靠劳力维生，有一次，一艘商船即将出海，船上的商人就合资雇请这位贫穷者。船行大海，忽然间停在海中央无法前进，海浪又急又大，大家都十分惶恐，商主们也不知如何是好，整艘船的人乱成一片。

回头看看这位贫穷者，态度却安然自在，有人就问："看你一点都不惊慌，平时一定有什么信仰，请你赶紧为大家祈祷!"贫穷者就对空合掌,行"三自皈依",皈依佛、皈依法、皈依僧,并且忏悔众生共业,发愿守五戒、行十善,甚至发愿将来如果能成佛,誓必度尽一切众生。

贫穷者忏悔发愿后,经过七天的时间,这艘船还是无法前进。当天晚上海神化身托梦,对其中一位商主说:"想要这艘船能移动,除非放弃那位贫穷者,他如果离开,这艘船就能平安前行。"天亮后,梦见海神的商主就和大家秘密会谈,想办法要让贫穷者离开这艘船,但是大海茫茫,如何让他离开呢?

这位贫穷者隐约听到大家秘密商谋,就主动向商人们说:"大家不必再伤神,不要为了我一个人,拖累这么多人和宝贵的货物,只要我离开大家都能平安,那就让我离开吧!"看到贫穷者如此明理,大家也十分不忍,后来就用竹子编了艘简单的竹筏,让贫穷者坐上去。

一阵风吹来,慢慢将竹筏吹离了大船,大家目送着竹筏逐渐消失在远方。

差不多过了半天的时间,船动了,风浪也愈来愈大,一群大鱼从四面八方汹涌而来,卷起千尺波涛,船翻了,船上的人无一生还。另一方面,坐在竹筏上的贫穷者,已经顺利靠岸。

这位贫穷者就是佛陀的前身,佛陀自无始劫以来,无论身为出家人、在家人,或是以各种形类出现世间,无不都是行于佛道中,不论富贵或贫困,一念道心不曾远离,总是慈悲对待一切众生。

又于过去某一小国,国王身行清白,爱民若子,最大的心愿,就是期待人民都能守持五戒善法。

但是国王常入人群观察,发现很多人民表面善良,守戒奉道,暗地里却邪行不受正道。国王心想:百姓虚以委蛇者多,如何选择出身心清白,真正具梵行之人?想了一想,国王下了一道命令,要大臣向人民宣告：信奉佛法、听经、行佛道者，治重罪，当街示众！

告示一出，一些民众马上现出原形，摒弃正法、大张邪教，享乐奢怠为所欲为。

其中有一位在家修行的清信士，看到许多学佛者都不敢再去听经，或表达自己是佛弟子，又看到很多人公开表达不信佛、不听经，不再守持佛戒，一些邪行邪法公然化暗为明，他实在很担忧，国王怎么会发出这种法令？但是他还是信佛虔诚，照样听经闻法，他认为人要懂得道理，就要有信仰，唯有佛法才能让人真正明理，心境透彻清净，所以还是继续他的信仰。

他悲悯众生自投三途，蹈犯五戒，不守十善，在地狱、饿鬼、畜生三道中轮转，如此一来，必将遭遇种种困难。首先是"获人道难"，堕落恶道要再回到人道就很困难；第二是"处中国难"，虽然处在人道，但要生在有文化有文明的国家很难；第三

"六情完具难",也就是不容易身心皆健康。

第四"生有道国难",要生在国王行仁政、人民守法奉道的地方不容易;第五"与菩萨亲难",想要会遇善知识,得到智慧的启发,是可遇不可求;第六是"睹经信之难",听经或看到佛经,要他从内心生出信心很困难,这就是缺乏善因缘。

第七"贯奥解微难",要能贯彻很深的道理,从深奥到细微都能贯通明白,这也很难;第八"值高行沙门清心供养难",要遇到有德行的出家人,而且能以最虔诚的心供养,可说难中之难;再者"值佛受决难",得遇佛世,由佛陀为我们亲自授记,更是百千万劫难遭遇之难。

这位清信士认为:自己有幸得人身,这是过去生所造福,更难得的是信奉三宝、得闻佛法,生起坚定佛道的信念,这么多难得而能得,怎能因国王一纸法令而放弃?即使赴汤蹈火、当街示众,我也一样不能放弃。

执法的官员知道有人不肯放弃佛法,就问这位冒死不弃信仰、守道清白的清信士:"为什么大家都放弃了,就算有信仰也不敢表达出来,而你却那么坚持?"清信士回答:"我崇信佛法,对天对地问心无愧,就算国王治我的罪,宁死我也不愿舍弃信仰。"官员就将清信士押去见国王。

国王听执法官讲出经过,心中非常欢喜,忍不住走上前去,诚挚地握住清信士的手:"你就是我要找的人!我一心期待全国臣民皆能奉法行道,但是很多人都只是做表相功夫,一边信佛听经,其实暗地里行邪道。我希望找到真正学佛守志的人替我行教化,所以用了这个法子,终于让我找到你。"国王于是将清信士奉为国相,委以感化臣民守奉正法的重任。

在这段过去因缘,清信士即是佛陀的前身,那位国王则是弥勒菩萨前身。佛陀生生世世化为各种形态感化人民,因此学佛者,无论在家、出家、梵行清白都是我们的本分事。

慈济人有十戒，十戒是现代社会中，个己、家庭、社会都需要的规则，人人只要把规则守好，社会绝对祥和。这同样缘自佛陀的教法。所以请大家平时要多用心！

【第八觉知】

生死炽然,苦恼无量;发大乘心,普济一切,愿代众生,受无量苦,令诸众生,毕竟大乐。

> 生死炽然，苦恼无量；
> 发大乘心，普济一切，
> 愿代众生，受无量苦，
> 令诸众生，毕竟大乐

学佛不离生死，生命的价值我们应该深入探讨与了解，知道什么才是真有价值的人生？

有些人浑浑噩噩，既不知生从何来，也不知死何去向，只是抱守无明沉浮人间，这样的生命毫无深度与宽度可言，不只为自己带来身心的灾难，同时也成为社会的祸端。

什么是心灵的灾难？佛陀不断恂恂教育，让我们明了人人皆有佛性，我们明明知道要去除烦恼，使心地清净，也知道人与人之间要广结善缘，偏偏内心无明成习，刚愎自用，无法处众入群；孤傲自视的人令人厌烦，自己也不快乐，这就是心灵灾难。

这样的人生就没有用了！看看无用报废的东西叫做"废物"，但是现在连废物资源都能回收了，为什么我们的大好人生不能好好利用呢？所以佛陀苦口婆心教育我们，《八大人觉经》第八觉知："生死炽然，苦恼无量"，"炽然"是猛烈燃烧的意思，生死苦患就像大火烧身般压迫急切。

生命无常，人人贪生怕死，只想着吝惜生命，却不珍惜生命的价值，这实在是颠倒，也很辛苦。凡夫被生死枷锁紧紧缠缚，找不出身心解脱之道，生生世世不断累积苦恼，沉溺生死苦海，不知何时得度彼岸？

佛陀累生累世现身人间，在六道中，不只是现天人身，也现人间身、地狱身，或现畜生、鬼界身，但无论现出什么身形，无不都在教育众生。所以说"发大乘心，普济一切，愿代众生，受无量苦，令诸众生，毕竟大乐"，只愿众生得离苦，不为己身求安乐,这就是佛菩萨无悔、无怨、无忧、无求的大慈悲心怀。

过去于一国中,某处山林遍居群鹿,数千鹿中有一鹿王,全身毛色五彩金光,鹿王领导群鹿,在好山好水间,安然悠哉地生活。

可惜好景不常,有一天,国王带了一群猎师,闯进这片宁静的土地。鹿群及其他森林里的动物惊慌四散,奔走逃命,有的被猎杀,有的相踏而死,自此山林不得安宁。

鹿王心中十分痛苦,每日国王与猎师前来,它的心就在滴血,要如何让山林回复往日的祥和宁静?鹿王想了又想后下了决心,独自走出山林,来到人口稠密的城市。

城中人民看到举止高贵的鹿王,不由得生出敬爱,认为是国家的瑞相,所以每个人都让开道路,让鹿王走过去。鹿王平安到达王宫,便屈膝跪在宫门前,侍卫看到这头鹿非比寻常,赶紧向国王通报。

国王来了,看到鹿王四肢屈膝,抬头流着眼泪,那种哀求的形态令人不忍,就问这头鹿:"有什么事吗?"这头鹿竟然开口了,向国王说:"往日山林间祥和宁静,自从国王带着猎师侵入这片土地,动物们再无宁日,森林中生灵四散,伤亡者遍地狼藉。我今天来的目的,希望国王告诉我太官(按:皇宫厨房)每天所需数量,我会自动将鹿送入宫中,供应国王食用。请您不要再让猎师进入这片土地,让万物自然长养生息。"国王允其所请:"请放心,只要每天一头鹿就足够了,不会再有人去打扰。"

鹿王回去召集所有鹿群,宣告和国王的约定:"天地万物有生必有死,为了维持这片山林的宁静,大家照次序排列,按日前往皇宫就死。一己的生命,可以换来鹿群的平安与延续,这样的牺牲很值得!"鹿群们对鹿王都很信服,于是自动排了次序。

之后,轮到的鹿会来向鹿王拜谢告辞,鹿王则殷殷叮咛:"不要有所埋怨,生死是自然的法则,在你走到皇宫的路上,要把握机会心念三宝,皈依佛法僧,求得来生的解脱。"每头鹿都谨记鹿王的教诲,沿途虔诚念佛,至太官就死。

有一天,一头母鹿急急来见鹿王:"王啊!我并非贪生怕死,只是我已经怀孕,我如果死了,肚中的孩子也跟着没命。能不能让我跳过顺序?等生下小生命,我一定赴太官之所需。"

鹿王听了十分怜悯,就找排在后一天的鹿商量,但是这头鹿说:"我很珍惜这一天的生命,可以和家属享受天伦之乐,尽管只有一天,我也不愿提前结束。"也对!既然如此,鹿王心中有了主意,就向皇宫走去。

来到太官,厨师一看,这不是鹿王吗?赶紧去禀报国王。国王就问:"难道山林中所有的鹿都吃完了吗?"鹿王就把母鹿的事告诉国王,然后说:"我愿意代替母鹿就太官之屠。"

国王听了非常惭愧,畜生类中有这种仁王,自己身为人中之王,竟然为了贪图口福而吞食生命,所以衷心赞叹鹿王说:"你虽然是鹿身,但我只是徒具人头,实在不如你!从此开始,我要废猎禁屠,保育万物的生命。"国王说到做到,山林终于回复以往繁荣的天地。

鹿王就是释迦牟尼佛的过去生,当初于六道中修行,无不是现身教育。

我们身为万物之灵,要能疼爱一切生物,何况在人与人之间,更需要互相疼惜。真正的生命价值,就是要懂得自爱,依照佛陀的教法,洗涤心中的无明烦恼。再来要感恩所有的人,人人都是一面镜子,照出我们的优点与缺点,优点继续发挥,"过则勿惮改",能够散发明亮的生命光辉,人生就有用途,不只利益自己,还能造福人群。

【总结全文】

如此八事,乃是诸佛菩萨大人之所觉悟。精进行道,慈悲修慧,乘法身船,至涅槃岸,复还生死,度脱众生。

以前八事,开导一切,令诸众生,觉生死苦,舍离五欲,修心圣道。

若佛弟子,诵此八事,于念念中,灭无量罪;进趣菩提,速登正觉;永断生死,常住快乐。

如此八事，乃是诸佛菩萨大人之所觉悟

修行自度，也要兼行度他，自度度他，以此精进、迈向佛道，这是学佛者应该把握的机会。

虽然常说，"若不自度，如何度人；若不自救，如何救人"？但是生命无常，时间短暂，什么时候才能自度圆满？什么时候才能彻底解脱？

其实修行的道路非常遥远，是生生世世，非一朝一日，所以必定要抱着自救的同时还要度人，佛陀教我们发心要发大心，发愿也要发弘愿，所以要行在菩萨道上，我们才能自度度人。

《无量义经》中也有一段比喻，在宽阔的河面有一艘船，驾船的人身体欠安，无法将船渡到彼岸。此时，如果能给他一艘坚固又好驾驶的船，就能够帮助他平安到彼岸。同样的意思，我们要从

凡夫地,渡过烦恼河,登彼岸至圣人的境域,如果能有很好的助力互相帮助,自度度他,就能同时安渡生死苦海,到达觉悟的彼岸。

在《六度集经》里,也有这样一段自救救人的故事——

很久以前有一个国家,国王很爱吃鸟肉,人民为了满足国王的喜好,想尽办法设置各种陷阱捕捉,将鸟儿献给国王,就能得到奖赏。

当时有一只鸟王带着鸟群觅食,不小心误入陷阱,群鸟落入网中不得动弹,全数被送往王宫厨房的大笼子里。惊魂甫定,鸟王开始观察四周形势,思考解脱之道。

它看到每天厨师进来后,都会先挑肥一点的鸟,所以就对鸟群说:"人为财死,鸟为食亡,我们今天会被关在笼中,其实都是因为一个'贪'字,因为贪吃觅食才被网住。如今唯有除欲'戒贪',才有活命的机会。"又说:"诸佛以贪为狱为网为毒为刃。"贪念犹如牢狱、网罗，因为贪吃，鸟群才落入陷阱，被关在鸟笼里，就像牢狱一般；贪心也像毒药、锋刃，能够置人于死地，这都是起于一念贪。

鸟王教导群鸟不要吃东西，将身体饿瘦，瘦的鸟不会被厨师挑选到，等到更瘦一些就能从笼子的破洞钻出去，就能海阔天空，免受割身之祸。

其实佛陀说这些法，还是在教育我们减少欲念，欲念减低了，无明就会减少，慧命相对成长，就像鸟儿瘦疵己身得脱牢笼，重回自由的天地。这就是佛陀过去生身为鸟王，自度度他的故事。

《八大人觉经》讲述至此，佛陀以种种方法开导教化，"如此八事"，以上八种修行觉悟要注意的方向，"乃是诸佛菩萨大人之所觉悟"。虽然这八大项目的内容都很简短浅显，却是诸佛菩萨大人所觉悟归纳的道理，可谓诸佛菩萨之智慧结晶，更是切实能行的大菩提道。

"精进行道",若能依此八事修行,日日精进,不偏离正道,就能"乘法身船,至涅槃岸",也就是以凡夫之身为载道器,精进勤修佛道,一旦自觉、觉他、觉行圆满,福慧俱足,即得成就佛果。

精进行道,慈悲修慧,
乘法身船,至涅槃岸,
复还生死,度脱众生。
以前八事,开导一切,
令诸众生,觉生死苦,
舍离五欲,修心圣道。
若佛弟子,诵此八事,
于念念中,灭无量罪;
进趣菩提,速登正觉;
永断生死,常住快乐。

　　每天都期待在日历上添上满满的好文章,度过踏实的一天,但是回首撕掉的这一页日历,生命中到底获得什么?又留下什么?

　　修行虽然不求所得,但却重视慧命的成长,假使过去全都错漏掉了,此刻开始就要好好把握分秒,改往修来,坚心立愿行菩萨道。《普贤警策文》:"是日已过,命亦随减,如少水鱼,斯有何乐?当勤精进,如救头燃,但念无常,慎勿放逸。"消灭烦恼要像解救头上火烧,立即化解烧身之祸。

所以《八大人觉经》,从"世间无常"谈起一直到现在,我们是否有所觉悟?有了体会觉悟,是否已经"精进行道"?在精进中,能否"慈悲修慧",利济众生?使令众生幸福快乐,伸手扶助去拔除他的苦难,这些慈悲的行动,必定要以智慧为前导,才能自度度人。

人间祸福仅系于一念间,这一念心既然这么重要,佛陀也不断教育我们修心之法,我们必定要虚心受用,终身奉行,再去感化他人。千万不要只是利用佛教、利用佛法去教人,因为"受用"和"利用"、"教"和"感化"都不相同。

"利用"是把佛法当成工具,为了名利而讲法,照本宣科,内心不一定真正"受用"。把佛法当工具,用过就和我没关系了,对很多法都只是"知道",没有实际运用,说归说,遇到人我是非同样争执计较,内心还是充满烦恼,这就太可惜了!

佛陀所提示的这么好的教法,我们应该先自受用,这叫做"自觉",才能真正从内心体悟,面对人事物也就没有得失烦恼。自己能受用,言教与身教平行,就能去感化人,这叫做"觉他"。

所以在精进中,心不离道,就是"分秒不空过";对人对事以慈悲,令人得救得乐,这样的人生才是在人群中发挥良能效用,这就是我们应该修的智慧和慈悲。若能如此,则"乘法身船,至涅槃岸",以父母给我们的身体,运载福慧之法,上求佛道、下化众生,与众生一起渡过烦恼此岸,到达光明静寂的境界。

"复还生死,度脱众生",就像佛菩萨不舍众生,来回娑婆殷勤设教,我们也要发愿追随佛菩萨的芳踪,不惧怕娑婆世界苦,誓愿度众生解脱污染泥沼。佛为众生而成佛,没有烦恼众生,哪有佛陀突破宇宙真理、获得智慧;智慧从烦恼中来,就像世间人有病痛,才有救病的良医。

佛陀是大医王,来治理众生的心病,大家能依教奉行,"以前八事,开导一切",自然就能"令诸众生,觉生死苦,舍离五欲,修心圣道"。以佛的教法开导一切众生,使众生体悟生死轮回之苦,从而脱离五欲的享受与诱惑,系缘修心、藉事练心、随处养心,一心一志坚行圣道,那么,距离觉行圆满也就不远了。

"若佛弟子,诵此八事,于念念中,灭无量罪",若是真正的佛弟子,就要时时诵念佛所说的《八大人觉经》,时时背诵、身心受用,自然能灭除所有的罪障,也不会再去结怨造业。

"进趣菩提,速登正觉;永断生死,常住快乐。""菩提"就是觉,"正"是不迷,"觉"是光明觉悟;一切业障都消除了,明明觉觉行在光明的道路上,很快就能登临佛境,永断生死迷茫,趣入无上正等正觉。

这里的"生死",不是不由自主而来,是为了度众生而来。凡夫总是不知生所从来,亦不知死之去向,一旦觉悟,就能掌握此生何去、来生何来,这就是"永断生死,常住快乐",自由来去所行无碍。

《八大人觉经》讲说至此,经文很简短,我们可以天天背诵,就能明白世间一开始的苦难,过程中的方法,一直到最后的解脱,都不离开这八件事。大家不要轻视经文少,以为法就小,其实大乘法同样要从人群中体会验证,所以不要离开人群去求佛法。

"分秒不空过,步步踏实做",精进是我们的本分,修福修慧是我们的目标;慈悲就是福,能打开我们的心,在人群中无烦恼、时时欢喜快乐,就是智慧。请大家受用智慧而度化众生,时时多用心啊!

·编者后记之一·

救世先从救心起

如果您是证严上人著作的忠实读者，相信见到这本新书，一定会有个疑问：《八大人觉经》不是已经出版了吗？是不是换了新封面崭新出版？还是内容有所增减？这个问题，正是编者首先要为大家解答的。

本书取自证严上人二〇〇二年底晨语开示，与一九八四年所讲、而后结集出版之《八大人觉经》（静思人文出版，佛典系列三）一书，讲述内容皆以佛典《佛说八大人觉经》为范本，成书方向则略有不同。早年的版本，重在经文释义，务使大众深入了解佛法奥义，增加背诵的容易度。本书则在释义之外，加入当代时事实例演绎，更切入佛法生活化的脚步，使读者由事会理，能以佛法精神开解日常种种难题。

因此,二书各擅所长而又相辅相成,是以编者几经思考,前书必不可废,后书辄有新味,读者可自行阅览参照,编者也就不强行剪贴、化二为一了。

《佛说八大人觉经》经文主旨,归纳而言,在明示"觉无常,去贪欲,离痴怨,知生死"几大方向,虽是佛为弟子们讲说修心养性之法,实则对一般大众亦是一盏指路明灯,能净化人心,端正人行。

所谓"救世先从救心起",人心净化了,爱的种子就能遍满天下,不同宗教、不同族群、不同生活方式的人,都可以展现不同特色,一起为关怀世界而努力。这才是人生"宗"旨,生活"教"育的真实发挥。

再来,读者假使细心的话,也可以发现《佛说八大人觉经》除了文字简短、易于背诵之外,似乎跟其他经典也有所不同,不曾清楚提到讲说的人、事、时、地、物,也没有诸佛菩萨会聚的盛大场面,更没有神通变化种种描述,只是那么简单地讲修行的道理。

修行是条漫长的道路,是真真切切的革心,也是踏踏实实地践履,不是天花乱坠、夸口说说就成的,否则诸佛菩萨与历代祖师也不必苦口婆心一再说了。只不过,物欲横流、变动不息的世间,匆忙间,人们已经大大压缩了静心思考的时间与空间,随波逐流的后果,心早已不知去向,又何处觅得善念?

幸好如慈母不舍爱儿的宗教师们,还是一股悲心支持着,继续殷殷切切传那一点火苗,要让它聚成火把,让薪火远远地传出去、传下去,点亮众生的心,挽救世界无常的狂澜。让"成、住、坏、空"的定律永远慢了脚步,甚或忘了运转……化娑婆秽土为净土,不是不可能,只要你相信"一切唯心造",它就会成真。

在此,编者并诚心与读者们分享,如果您看过《佛说八大人觉经》深有所感,建议您可再看《四十二章经》及《佛遗教经》。这三部佛教经典,或详说,或简述,皆在教人身心修行、趣入圣道之法,值得相互参照,以之自我惕励。

· 编者后记之二 ·

佛陀之爱·阿拉国土

公元二〇〇三年十二月二十六日,正当世界许多国家准备欢度新年前夕,伊朗巴姆镇却传出大地震的消息,死亡人数最终没有确切的数字,大约是接近五万人。

伊朗,古称波斯,中国汉代称为安息国,是古代"丝绸之路"上一颗璀璨的明星,至今仍保存古国文明的遗迹,尤其此次地震震央所在的巴姆古围城,更是具有两千年历史的世界文化瑰宝。地震前,联合国教科文组织正考虑将巴姆古城列入世界文化遗产,不料这惊天一震,千年古城几乎夷为平地,瞬时面目全非,已成世间永远的遗憾。

慈济基金会得知伊朗地震消息,秉持佛教慈悲济世、人溺己溺的精神,勘灾救援小组迅速成立,于十二月二十八日踏上这块土地,立即展开物资发放及医疗义诊的工作。来自不同国界、不同种族、不同宗教的慈济团体,引起了当地人民的好奇和怀疑,但在慈济人亲手发放,并至灾民帐棚区贴心义诊的真情交流后,彼此之间却已亲如兄弟,交织成密不可分的生命共同体。

当慈济第一梯次勘灾人员要离开伊朗时,当地人忍不住上前拥抱哭泣,口中直言:"这是另一次心灵的地震!"可知道勘灾团员们心中亦是万般不舍,于是在泪眼相对中承诺——我们会再回来。

果然,第二梯次赈灾及医疗人员,赶在中国年除夕当天(二〇〇四年一月二十一日),再度前往伊朗,接续起这一分不分种族、无远弗届的大爱。另一方面,全球慈济人的爱心聚焦在伊朗,各地纷纷募款、义卖,努力筹措赈济经费,只愿这遥远的国度,能感受到来自世界地球村的温暖,快快从悲伤中站起来,重建家园与希望。

时光流转,时间倒回公元一四八年,中国东汉时代桓帝建和二年,原为安息国(今伊朗)太子的安世高大师,同样带着"为佛教,为众生"的使命,不畏艰辛,跋山涉水来到中国。来华之后,以其语言文化的特殊背景,投入中译佛经的浩瀚工程,历时经年,倾其心血遍撒佛种,利益无数中国人。

当时大师一介悲世胸怀,无分种族、国界传佛法旨,譬如本书原典《佛说八大人觉经》,佛弟子至今传诵勤习,历代法师大德讲演不断,即使一般人也能引为修身利世之圭臬。宇宙长流,佛法微义,法雨润渍之恩,吾人实难酬报!

不过一位为法忘躯的真修行者,想必付出是不求回报的。然而因缘促成,今日慈济人却以一佛教团体,打破宗教藩篱,来到信奉伊斯兰教的国土,将大爱传回这块土地,尽其心力施医施药赠物资,谱成一段感人挚情。佛恩浩荡、法缘远流,这跨越时空的爱的循环,就如此奇妙地连结绵延。

《佛说八大人觉经》"第一觉悟：世间无常，国土危脆，四大苦空，五蕴无我，生灭变异，虚伪无主……"佛经中的道理，不只是束之殿堂高阁或是专供诵读膜拜的文字，在全球接连不断的天灾人祸中，它更真实地映现印证。这是佛法贯通古今的智慧，更是我们要警悟学习的真理。

证严上人云："惊世的灾难，要有警世的觉悟。"面对逐日土崩瓦解的残破地球，人类对大地无情的毁伤，苦果正日日回报在人类身上。尽管科技先进诸国竞往太空探勘，然而在人类所知有限的情况下，只知道地球仍是目前唯一有生物存在的星球，此时此刻，是否也是全球人类该当觉醒的时刻？"我们只有一个地球"，所以要爱她，保护她，我们才能安心生活在这块土地上。

公元二〇〇四年，慈济人对伊朗的关怀仍在，虽然对后续援助方式碍于当地国情，仍存在许多未知数，但是只要因缘不息，佛陀弟子的脚步总不停歇。就如《佛说八大人觉经》第八觉知所提示："发大乘心,普济一切,愿代众生,受无量苦,令诸众生,毕竟大乐。"这是全球慈济人佛心师志、永志不忘的心愿。

在此祈愿证严上人的三大愿望早日实现——净化人心,祥和社会,但愿天下无灾难!

图书在版编目(CIP)数据

救世救心八大人觉经/释证严讲述—上海:复旦大学出版社.2013.5(2018.1 重印)
(证严上人著作·静思法脉丛书)
ISBN 978-7-309-09398-8

Ⅰ.救… Ⅱ.释… Ⅲ.佛经-通俗读物 Ⅳ.B94-49

中国版本图书馆 CIP 数据核字(2012)第 292042 号

慈济全球信息网：http://www.tzuchi.org.tw/
静思书轩网址：http://www.jingsi.com.tw/
苏州静思书轩：http://www.jingsi.js.cn/

原版权所有者:静思人文志业股份有限公司授权复旦大学出版社
独家出版发行简体字版

救世救心八大人觉经
释证严　讲述
责任编辑/邵　丹

复旦大学出版社有限公司出版发行
上海市国权路 579 号　邮编:200433
网址:fupnet@fudanpress.com　http://www.fudanpress.com
门市零售:86-21-65642857　团体订购:86-21-65118853
外埠邮购:86-21-65109143
上海市崇明县裕安印刷厂

开本 890×1240　1/32　印张 5.5　字数 60 千
2018 年 1 月第 1 版第 2 次印刷
印数 5 101—7 200

ISBN 978-7-309-09398-8/B·452
定价:20.00 元

如有印装质量问题,请向复旦大学出版社有限公司发行部调换。
版权所有　侵权必究